KB124293

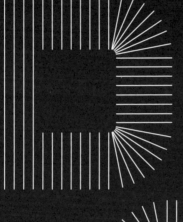
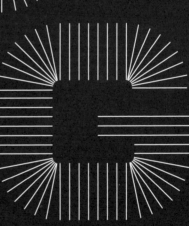

DURAS / GODARD

DIALOGUES

뒤라스×고다르 대화

DURAS / GODARD DIALOGUES

마르그리트 뒤라스
장-뤽 고다르

신은실 옮김

문학과지성사

옮긴이 신은실

프랑스 파리1대학 영화학 석사 및 DEA 과정에서 공부했다. 시네마디지털서울영화제, EBS국제다큐영화제 등에서 프로그램을 담당했다. 공저로『예르지 스콜리모프스키』『21세기의 독립영화』등이 있다. 장-뤽 고다르의 영화〈필름 소셜리즘〉의 한국어 자막을 번역했고, 한국예술종합학교 강사로 일하고 있다.

채석장
뒤라스×고다르 대화

제1판 제1쇄 2022년 12월 10일
제1판 제3쇄 2024년 3월 11일

지은이 마르그리트 뒤라스, 장-뤽 고다르
옮긴이 신은실
펴낸이 이광호
주간 이근혜
편집 김현주 최대연
마케팅 이가은 허황 이지현 맹정현
제작 강병석
펴낸곳 ㈜문학과지성사
등록번호 제1993-000098호
주소 04034 서울 마포구 잔다리로7길 18(서교동 377-20)
전화 02)338-7224
팩스 02)323-4180(편집) 02)338-7221(영업)
대표메일 moonji@moonji.com
저작권 문의 copyright@moonji.com
홈페이지 www.moonji.com

ISBN 978-89-320-4106-3 03680

차례

7   프롤로그

13   1979년 대화
65   1980년 대화
103   1987년 대화

189   에필로그
215   부록

일러두기

1 이 책에 등장하는 영화의 제목은 대부분 국내 출시 제목이나
   기존에 통용되던 제목을 따랐다.
2 본문과 주석에서 옮긴이가 첨가한 내용은 〔 〕로 묶어 표시했다.
3 단행본, 신문, 잡지 등에는 『 』를, 논문, 글 등에는 「 」를, 영화,
   텔레비전 프로그램, 미술작품 등에는 〈 〉를 사용했다.
4 원문에서 이탤릭체로 강조된 부분은 볼드체로 표시했다.

프롤로그

이 책에 묶은 마르그리트 뒤라스와 장-뤽 고다르의 대화 세 편은, 1979년 10월(고다르의 영화 〈할 수 있는 자가 구하라 (인생)Sauve qui peut (la vie)〉 촬영이 계기였던 첫 대화)에 열리고 1980년 9월 또는 10월(근친상간을 다루는 영화 기획을 위한 두번째 대화)로 이어졌으며 1987년 12월(TV 프로그램 〈오세아니크Océaniques〉 방송을 위한 세번째 대화)에 다시 닫힌 어떤 괄호를 구성한다. 이는 작가와 영화창작자 사이의 근원적인 관계, 그리고 그들을 구획짓는 이야기와 동시에 관련이 있다. 1997년 어느 인터뷰에서 고다르는 뒤라스를 "두세 해 동안"[1] 알고 있었다고 이야기했는데, 그의 영화 제목 〈그녀에 대해 알고 있는 두세 가지 것들Deux ou trois choses que je sais d'elle〉을 떠올리게 하는 표현이다. 여러 해에 걸쳐 두 사람은 마주하여 그들을 생각하도록 만드는 "두세 가지 것들"을 교환한다. 그들의 두번째 만남은, 영화에 대한 성찰을 모

---

[1]   "Marguerite Duras, que j'ai connue pendant deux ou trois ans," "Les livres et moi," entretien avec Jean-Luc Godard par Pierre Assouline, *Lire*, n° 255, mai 1997 : *Jean-Luc Godard par Jean-Luc Godard*, t. II, Éditions de l'Étoile/Cahiers du cinéma, 1998, p. 437에 재수록.

아 뒤라스가『녹색 눈Les Yeux verts』을, 고다르가『진정한 영화의 역사 입문Introduction à une véritable histoire du cinéma』을 각각 출간한 뒤 성사된다. 우리는 두 사람의 대화에서 그들의 책을 관통하는 거의 모든 것을 재발견한다. 쓰여진 것과 이미지 사이의 관계, 재현할 수 없다고 여겨지는 것들(강제수용소와 근친상간이라는 두 개의 다른 표제)의 재현, 유년기와 텔레비전에 대해 성찰하는 질문들. 또한 두 사람은 매체를 통해 말 그대로 몸을 얻는 방식, 역사를 주파하겠다는 열의를 품고 모세, 루소, 포크너, 사르트르를 차례로 소환하며 냉담한 아이러니와 눈부신 서정이 뒤섞인 가운데 이야기를 해나가는 방식에서 깊은 열정을 공유하고 있음을 보여준다.

　　그들이 만나는 곳은 명확히 드러난다. 작가 뒤라스는 영화창작자이기도 하며 영화창작자인 고다르는 자신의 초기 영화들에서부터 문학, 쓰여진 것, 말과 특별한 끈을 유지해왔다. 그리하여 고다르가 "자신 안의 모든 것이 작가적인 무언가와 연루되기를 거부했을 때, 영화창작자들 중 가장 작가에 가까워졌다."[2] 뒤라스는 이미지를 경계하는 입장을 줄곧 견지하면서 영화를 만들고, 고정되어 있으며 이어지지 않는 행위를 설명적이지 않은 최소한의 쇼트로, 환기의 힘을 구성하는 텍스트의 현전에 도달하는 방법을 질문한다. 이를 위해,

2　　　Raymond Bellour, "L'autre cinéaste: Godard écrivain," L'entre-images 2, P.O.L, 1999, p. 127.

뒤라스는 소리와 쇼트들을 갈수록 더 분리한다. 〈대서양의 남자L'Homme atlantique〉(1981)에서는 지속되는 검은 화면처럼 인적 없이 반복되며 부재하는 이미지들에 특권을 주고, 보이스-오프voix-off를 연도連禱의 물결로 변모시킨다.[3] 전체 이미지는 텍스트가 묘사하거나 제안하는 것을 맞아들이고 집약할 수 있게 된다. "이미지에 당연히 글을 쓸 수 있고, 촬영된 모든 공간은 쓴 것인데, 책의 백 배는 되는 공간입니다."[4]

고다르로 말하자면, 사물보다 이름이 앞서는, 존재와 행위에 대해 규율의 낱말들이 지닌, 영화에 대해 시나리오가 지닌 특권과 우선권을 깨부수며, 이미지와 말을 어떻게 내밀하게 연결할지 자문한다. 〈열정Passion〉(1982)의 한 인물이 말한다. "쓰려고 하는 것을 보아야 한다." 그 순서가 바뀌어서는 안 된다. 그러나 "사물에 대해 말하기 전에 보는 것은 어

---

3   〔옮긴이〕 프랑스어 'voix-off'는 '내레이션'으로 흔히 통하는 영어 표현 '보이스 오버,' 즉 서사가 전개되는 영화 속 시공간인 디제시스에 속하지 않는 목소리와 디제시스에 속하지만 외화면 영역hors-champ(카메라 프레임 밖에서 발생하여 화면상에서는 보이지 않는 음향이나 연기가 속한 영역)에서 들려오는 목소리를 모두 일컫는 용어다. 뒤라스의 영화들에서는 이 두 기능이 모두 쓰이거나 때로는 섞여 있어 구분이 쉽지 않기에, 영문판에서는 'voix-off'를 모두 '보이스 오버'로 옮겼으나 여기서는 '보이스-오프'로 옮긴다. 한편, 연도litaniques는 사제가 먼저 말하면 신도들이 대응하며 이어가는 기도 형식을 일컫는다.

4   Marguerite Duras, Michelle Porte, *Les Lieux de Marguerite Duras*, Les Éditions de Minuit, 1977, p. 91.

렵다." 이를 위해, 고다르는 화면에 낱말들을 혼합한다. 말과 음악, 소음이 분간되지 않을 때까지 섞는다. 그는 거친 재료를 반복해서 인용하고, 조각내고 변형한다. 고다르의 근작(2014) 제목인 "언어와의 작별adieu au langage"은 사라짐이 아니라, 몸들 사이 그리고 이미지라는 물질들 속으로의 흩어짐이다. 이 흩어짐을, 단편 비디오 〈말의 힘Puissance de la parole〉에 나오는 천사들이 자문하며 대화 주제로 삼기도 한다. "말 하나하나는 공기 중에서 만들어진 하나의 운동이 아닌가?" 1988년에 만들어진 〈말의 힘〉은, 우리가 여기 옮긴 뒤라스와의 마지막 대화를 좇는다. 이 단편은 진정한 결론으로 간주될 수 있다. 밥 딜런의 〈그가 돌아올 때When He Returns〉와 레너드 코언의 〈이 왈츠를 받아주오Take This Waltz〉가 슈트라우스, 베토벤, 라벨의 격발과 사운드트랙에서 얽히며, 화산 분화와 급류가 빠르게 교차하는 단타 몽타주로 영화는 끝난다. 물과 불, 목소리와 관현악이 섞여 들어가는, 재앙인 동시에 본원적인 용암은 뒤라스가 처음으로 단독 연출한 〈파괴하라, 그녀는 말한다Détruire, dit-elle〉(1969)의 결말, 긴 몇몇 대화 뒤에 바흐의 푸가가 폭격 굉음과 섞이는 장면과 조응한다. 그러나 뒤라스는 이 조합과 더불어 조용한 숲 그리고 움직이지 않는 인물들의 윤곽만 보여주었다.

이 세 편의 대화는 또 다른 교환을 둘러싸고 있다. 1980년대에 고다르는 십 년 동안 전통적인 배급 통로와 거리를 두고 정치적인 작품과 비디오 에세이를 만든 뒤 주류 영화로 귀환한다. 그리하여 그는 "영화에서의 두번째 삶"을 경험한다.[5] 같은 시기에 뒤라스는 주로 영화와 관련한 텍스트를 쓰면서 십여 년을 보낸 뒤 영화 연출과 동떨어진 글쓰기로 돌아간다. 『연인L'Amant』(1984)의 문학적 성공은 영화창작자 뒤라스의 활동 종결로 이어진다. 그는 마지막 영화 〈아이들Les Enfants〉을 1985년에 연출한다. 이러한 변화의 시기에 그들은 만났고, 고다르는 자신이 결코 될 수 없다고 이야기했던 작가에게 질문하기 위해 왔으며, 뒤라스는 "세계 영화의 가장 강력한 촉매"[6]이자 자신이 떠날 준비를 하고 있던 한 예술에서 가장 위대한 창작자로 평가하던 이와 대면한다. 영화 예술 분야의 창작자 중 뒤라스가 상찬을 보낸 이름은 많지 않았다. 대화를 이어가면서, 말과 이미지의 교차에 대한 질문을 자신들과 공유하는 영화창작자들에 대해 뒤라스와 고다르는 거의 언급하지 않는다. 1987년 대화에서 고다르가 필립 가렐과 장 외스타슈를 짧게 언급하기는 하지만, 장-마리 스트로브와 다니엘 위예, 샹탈 아커만이나 한스-위르겐 지버베르크는 전혀 언급되지 않는다. 이는 그들의 눈부신 고독과 미학적 역류의

5   *Jean-Luc Godard par Jean-Luc Godard*, t. I, Éditions de l'Étoile/Cahiers du cinéma, 1985, p. 449 참조.

6   Marguerite Duras, *Les Yeux verts* (1980), Éditions des Cahiers du cinéma, 2014, p. 53.

징조이다. 이미지와 사운드의 급진적 분리에 기반한 위대한
영화의 시대가 저물고 있으며, 고다르와 스트로브만이 오늘
날까지 그 길을 좇고 있다. 마르그리트 뒤라스와 장-뤽 고다
르 사이의 대화들이 형성한 괄호는 이러한 작품들이 퇴조하
는 순간과 일치한다. 그 괄호는 두 사람이 나눈 성찰의 가장
강력한 증언 중 하나이기도 하다.

시릴 베갱[7]

---

7   〔옮긴이〕이 책을 엮고 주해를 쓴 시릴 베갱Cyril Béghin(1973~)은
     프랑스 파리 출신 영화평론가로, 월간지 『카이에 뒤 시네마』
     편집위원을 지냈다.

1979년 대화

1979년 가을, 장-뤽 고다르는 1977년부터 거주해온 스위스에서 〈할 수 있는 자가 구하라(인생)〉을 찍는다. 10월에 그는 마르그리트 뒤라스를 초대해 영화의 한 장면에 출연해달라고 요청한다. 뒤라스가 촬영을 거부하자, 고다르는 그녀와 대화를 나누며 녹음을 했고 그중 몇 문장을 영화 속 한 시퀀스의 사운드 몽타주에 사용한다. 마르그리트 뒤라스 아카이브에 보존된 한 시간 분량의 대화 전문을 이어서 싣는다. 이 대화는 그들의 만남을 증언하는 동시에, 〈할 수 있는 자가 구하라(인생)〉의 어떤 '실패'를 다룬 작업물이기도 하다.

고다르에게는 1979~80년의 선회가, 상업망에서 배급하는 영화로 돌아오기 위한 활동을 집약하는 계기였다. 〈할 수 있는 자가 구하라(인생)〉을 작업하던 중 그는 프랜시스 포드 코폴라의 도움으로 "스토리The Story"라는 제목의, 실패로 돌아가게 될 미국 제작 프로젝트에 착수한다. 고다르는 1979년 5월 발행될 『카이에 뒤 시네마Cahiers du cinéma』 300호 전체를 구성하고, 1980년에 간행될 "진정한 영화의 역사 입문"이라는 제목의 강의록 모음을 준비한다. 뒤라스도 중요한 시기에 있었다. 그와 같은 생산성을 보인 영화창작자는 많지 않았다. 1978년 〈밤 항해 Le Navire Night〉에 이어, 1979년 〈세자레Césarée〉〈바위에 새겨진 손Les Mains négatives〉〈오렐리아 스타이너(멜버른)Aurélia Steiner, Melbourne〉〈오렐리아 스타이너(밴쿠버)Aurélia Steiner, Vancouver〉등 네 편의 단편을 연출한다. 이 중 앞의 두 단편은 〈밤 항해〉의 실패와 더불어 (주로 〈밤 항해〉를 위해 촬영했으나 사용하지 않은 쇼트들로) 편집되었다. 뒤라스는 이미지와 **보이스-오프**로 말해진 것의 분리, 이미지와 텍스트 사이의 단발적이고 우연에 의한 듯한, 혹은 환영과 같은 결합에 대한 생각을 이 단편들에서 끝까지 밀어붙였다. 이 다섯 영화의 〔보이스-〕**오프** 텍스트를 1979년 말 메르퀴르 드 프랑스 출판사가 책으로 엮었다.

고다르는 특히 이 년 전에 개봉한 〈트럭Le Camion〉을 떠올리며 뒤라스를 〈할 수 있는 자가 구하라(인생)〉에 출연시키려 했다. 〈트럭〉은 이미지 속에서 "지나가는 말parole"의 물리적 메타포를 이끌다시피 한다. 스타인 제라르 드파르디외의 존재 방식은 최소한의 몸짓과 말로 줄어들고, 영화 속 발화도 조건법 과거[1]이다. 이러한 방법론들은 텍스트와 이미지의 관계, 연기자와의 작업, 실현이 불가능한 작업과 관련한 사유에 대한 공통적 질문을 진술한다. 고다르는 거의 이십 년이 지난 뒤 〈프랑스 영화 오십 년Cinquante ans de cinéma français〉(1995)에서도 〈트럭〉의 대화를 인용한다. "이게 영화가 될까요?" "네, 이건 영화예요."

그들이 만난 지 몇 달 뒤, 뒤라스는 『녹색 눈』에서 자신의 로잔 방문을 자세히 언급한다. "(고다르는) 나를 어느 학교로 데

---

1   〔옮긴이〕 조건법 과거conditionnel passé는 과거에 대한 후회와
     유감을 표현할 때, 언론 기사에서 추측이나 가정 혹은 불확실한
     정보를 기술할 때나 잠재적이고 있을 법한 사건을 일컬을 때, 예를
     갖춘 청유형 문장 등에 쓰이는 문어체 프랑스어 용법이다.

려갔다. 그때가 쉬는 시간이었는지 등교 시간이었는지 정확히는 모르겠지만, 학생들이 점령하고 있는 나무 계단 아래였다. 거기서 인터뷰를 했다. 나는 그가 말하는 바를 이해하지 못했다. 그도 내가 말하는 바를 못 알아들었는데, 학교의 소음 때문만은 아니었다. 어쨌든 인터뷰를 진행했고, 말미에 그가 말했다. '이런 데서 이야기를 한다고 파리에서부터 오시게 했네요.' 그 뒤에 서로를 더 알게 되고 나서, 나는 그를 향한 우정을 품게 되었다. 지금까지 그와 나는 영화에서, 특히 텍스트/이미지의 관계에서 전도된 문제의식을 갖고 있었던 듯싶다. 그러나 어쩌면 아닐 수도 있다. 그가 말하는 것, 그가 말했던 것에 따르면 그렇다. 학교에서 나와서는 도시를 가로질러 달리는 자동차 안에서 녹음했다. 녹음한 걸 들어보니, 때때로, 신호등에 빨간불이 들어왔을 때, 우리는 서로를 꽤 이해하고 있는 듯했다. 한 건물에서 다른 곳으로 이동하기 위한 로잔의 육교에도 뭔가 흥미로운 점이 있었다. 나는 그에게 육교가 아름답다고 했다. 그는 내게 많은 이들이 거기서 뛰어내린다고 했다. 나는 자살을 위해 지어진 곳 같다고 말했다. 그는 내 말에 동의했다."

고다르: 만일 제가 텔레비전과 관련해 뭔가를 청했다면 동의해주셨을까요?

뒤라스: 자네 제안이라면 동의했겠지.

고다르: "자네라면"이란 게 무슨 뜻일까요, 저를 아는 것?

뒤라스: 자네를 아는 것이거나 자네 영화를 아는 걸 테지, 마찬가지야.

고다르: 왜냐하면, 최근에 저는 영화를 더는 많이 만들지 않아서…[1]

뒤라스: 그렇지 않아, 만들었잖나.

고다르: 우리는 조금은 적대적인 형제와도 같군요, 제 잘못일 수도 있지만. 저는 글쓰기écriture를 증오하거든요. 글쓰기 자체가 아니라, 그것이 오는 순간을요. 글쓰기는 늘 그렇습니다… 당신의 경우, 만일 글이 없다면, 글이라 불러야 할지 텍스트라 불러야 할지 잘 모르겠는데…

뒤라스: 나는 **쓰여진 것**écrit이라 부르지, **텍스트** 또는 **쓰여**

---

1   1978년 4월에 프랑스 2안테나 TV 채널을 위한 12부의 에세이 〈프랑스 일주 우회 두 아이France tour détour deux enfants〉(1980년 4월에야 방영된다)를 끝낸 뒤, 고다르는 영화뿐만 아니라 비디오 분야에서도 여러 프로젝트들을 마치지 못했다. 마르그리트 뒤라스를 만났을 때, 그는 1976년 여름 FR3 채널에서 방영된 TV 시리즈 〈6×2(소통에 대하여 소통 아래서)Six fois deux(Sur et sous la communication)〉 이후 아무것도 발표하지 못하고 있었다.

진 것.

　고다르: 어느 쪽이든, 이미지는 그걸 좀 필요로 하지요…

　뒤라스: 나는 스크린에 두 가지가 필요하다네. 내가 "말의 진폭"이라 부르는, 방해할 수 없는 것이지. 대개 모든, 거의 모든 이미지는 텍스트를 방해하네. 이미지들은 텍스트가 들리는 걸 방해하지. 내가 바라는 건, 텍스트가 지나가는 걸 내버려두는 무엇일세. 내 모든 문제는 그것과 관계되어 있지. 그래서 〈인디아 송India Song〉에서 보이스-오프를 쓴 것이네.[2]

2　〈인디아 송〉(1975)을 촬영하는 동안, 현장에서 뒤라스는 배우들이 텍스트를 낭독하는 자신들의 녹음된 목소리를 듣게 했다. 이 목소리들은 1974년 4월 프랑스 퀼튀르 방송국이 제작해 같은 해 11월에 방송한 〈창작 아틀리에〉 리허설에서 미리 녹음한 것이었다(영화는 7월 말부터 8월 초까지 촬영했다). 촬영은 동시녹음으로 진행하지 않았고, 뒤라스는 배우들에게 음악을 들으며 연기하게 시켰는데, 이는 세트장에서 사전에 사운드믹싱을 진행하는 것 같은 모양새였다. "그렇게 찍은 건 이번이 처음입니다. 촬영장에는 세 종류의 녹음기가 있었습니다. 하나는 음악용, 다른 하나는 리허설 중에 녹음된 말들을 재구성하는 용도, 마지막 것은 내가 말하고 초를 재기 위한 것이었어요."(entretien dans l'hebdomadaire de la LCR, *Rouge*, 11 février 1977: Jean Vallier, *C'était Marguerite Duras II, 1946-1996*, Fayard, 2010, p. 680에서 재인용). 이는 그녀가 "배우의 절멸dépeuplement"이라고 부르는 것, 그리고 "말의 장場, champ"의 열림에 진입하기 위한 방법론과 같다. "그들이 자기 말을 하고 들을 때, 말은 더욱 무한히 공명합니다. 다시 말해 한 가지를 말하는 동시에, 완전히 다른 말을 할 수 있다고 가정되는 것이죠. 장이 열리고, 말의 장은 더욱 무한히 열립니다"("Dépossédée," entretien de Marguerite Duras avec Xavière Gauthier, in *Marguerite Duras*, Jacques Lacan et al.,

고다르: 누가 텍스트를 통과시키고, 또 누가 텍스트를 옮기나요? 화물선이 짐을 옮기는 것과 마찬가지인가요?

뒤라스: 그렇다네, 트럭이 화물을 옮기듯.[3] 하지만 내게

Marguerite Duras, coll. «Ça/Cinéma», Albatros, 1975). 〈인디아 송〉의 '절멸'은 특히 『말의 색채*La Couleur des mots*』(Benoît Jacob, 2001, pp. 78~88〔한국어판은 『말의 색채』, 유지나 옮김, 미메시스, 2006, 80~89쪽〕)의 인터뷰에서 언급된다. 이 작품의 촬영은 『마르그리트 뒤라스가 한 편의 영화를 찍는다*Marguerite Duras tourne un film*』(Albatros, s. d. 〔1975〕)라는 제목으로 출간된 니콜-리즈 베르넴Nicole-Lise Bernheim의 기술 스태프, 배우, 뒤라스 인터뷰 모음의 주제였다. 여러 차례에 걸친 사운드에 관한 질문이 여기에 담겨 있다.

3 뒤라스는 고다르에게 직전에 완성한 영화 〈트럭〉(1977)을 암시한다. 고다르는 아마도 뒤라스의 다음 작업 〈밤 항해〉 (1978)를 떠올렸기에 화물선을 비유로 삼았을 것이다. 〈트럭〉에서 뒤라스는 제라르 드파르디외와 함께, 여전히 상상하듯 혹은 확실한 기억인 듯 조건법 과거로 쓰여진 시나리오를 읽는다. 시나리오의 줄거리는 다음과 같다. 한 노파가 트럭 운전칸에 앉아 혼잣말을 한다. 운전기사가 히치하이킹을 하던 그녀를 라보스la Beauce, "또는 이블린Yvelines의 이민자 주택 단지"의 길가 어딘가에서 태웠다. 실제 보이는 작가 뒤라스의 모습과 보이지 않는 그 노파의 모습이 겹치며, 전혀 보이지 않는 승객과 트럭의 운행 모습이 교차한다. 자동차는 두 여성이 하는 말의 형상이 되고, 동시에 시나리오의 잠재적 삽화 그리고 말 또는 텍스트가 지닌 고독하며 유랑하는 힘의 메타포가 된다. "사람들은 계속 씁니다. 사람들은 살면서 쌓이고 거듭된 것이 모두 향하는 일종의 거처, 그늘을 자기 안에 갖고 있지요. 영화 속에서, 트럭은 바로 이 덩어리를 운반합니다. 세계에 쓴 것을 모두. 쓴 것 32톤, 마치 이렇게 측정되고 계량될 수 있는 듯 말이에요. 이게 마음에 들어요. 이것을 나는 '이미지'라 부릅니다"(Entretien avec Michelle Porte in

영화는 간신히 존재하네. 난 자주 영화가 존재하지 않는다고 말하지.

고다르: "힘들게avec peine"라고 하셨나요, "간신히à peine"라는 말씀인가요?

뒤라스: 간신히 말일세. 힘들지는 않아. 난 그렇게 보지는 않네.

고다르: 제 생각엔 영화는 말이 너무 많아요. 자신의 문장을 되풀이하고, 쓰여진 것을 반복하죠. 당신 영화를 좋아하는 건 그 말들이 영화에서 오는 게 아니라 영화를 가로지르기 때문이죠.

뒤라스: 나는 내 텍스트들을 영화에서 접히도록 한다네. 난 이미지와 함께 보고 듣는 텍스트를, 내가 책에서 텍스트를 제공하는 것처럼, 책에서 그걸 읽게 하는 것처럼 제공하진 않을 걸세. 화면에서의 텍스트 읽기를 내가 조직해야 하네. 그건 같지 않지.

고다르: 그렇죠, 같지 않죠.

뒤라스: 그런데 내 생각엔, 텍스트가 없으면 영화도 없다네. 존재한다고 할 수가 없어.

고다르: 그래요. 무성영화는 텍스트가 많았었죠.

뒤라스: 그래, 그렇다네. 침묵은 늘 텍스트 주변을 맴돌

Le Camion, Les Éditions de Minuit, 1977, p. 105).

지. 텍스트라기보다는 텍스트 읽기의 주변을. 말이 침묵을 부여할 수 있고, 말이 침묵을 창조한다네.[4]

고다르: 관객 앞에서는 지금처럼 말씀하시려 하지 않았어요. 반복하는 게 다소 어리석은 일이라 여기시나요?

뒤라스: 디뉴에서의 일을 말하는 건가?[5]

4   이 세 문장은 〈할 수 있는 자가 구하라(인생)〉의 사운드트랙에 다시 쓰였다.

5   1973년에 창설된 디뉴-레-뱅Digne-les-Bains의 '영화 회합Rencontres cinématographiques'은 1980년대 초까지 서사 실험을 지향하는 프로그램이 특장이었으며, 정례적으로 뒤라스와 고다르의 영화를 소개했다. "육 년 전부터 우리는 매해 뒤라스와 고다르, 그리고 샹탈 아커만, 필립 가렐, 장-마리 스트로브와 다니엘 위예처럼 유사한 집념을 지닌 감독들에게 할애하는 특별 프로그램을 마련했다"(Gérard Courant, entretien avec Pierre Queyrel, programmateur des Rencontres, *La Petite Quinzaine*, n° 33, 18 mai 1978). 1978년 〈트럭〉이 상영될 때 초대된 뒤라스는 회합에 참석했지만 영화를 소개하기를 거절했다. 이 일화와 관련한 자신과 뒤라스의 대화를 고다르는 〈할 수 있는 자가 구하라(인생)〉 도입부에 보이스-오프로 발췌해 삽입했다. "디뉴 영화제의 누군가가 내게 말하기를, 뒤라스가 자신의 영화를 소개하러 와서는 나타나질 않았는데 여하튼 디뉴에 가긴 갔다고 하더군요. 사람들은 뒤라스가 거기서 뭘 하는지 모르겠다고, 나중엔 여자들도 안 나타나려면 뭐 하러 왔냐고 했다 하고요. […] 우리는 함께 인터뷰를 했지만, 뒤라스는 [〈할 수 있는 자가 구하라(인생)〉에] 모습을 드러내고 싶어 하지 않았습니다. 나는 뒤트롱Jacques Dutronc[〈할 수 있는 자가 구하라(인생)〉의 주연을 맡은 프랑스 가수 겸 스타 배우]이 텔레비전 사회자보다는 시네클럽 진행자이길 원했고, 그가 마르그리트 뒤라스나 레네Alain Resnais의 〈히로시마 내 사랑〉 같은 영화를 소개했으면 했죠. 디뉴

고다르: 네, 다른 데일 수도 있고요.

뒤라스: 관객 앞에서 말하는 것을 얘기하는 건가?

고다르: 네, 영화제에서 말이에요. 가긴 하시죠?

뒤라스: 그렇다네. 이에르 영화제[6]에서 내가 있어야 한

현지에서 찍은 장면도 있어요. 그런데 마르그리트가 출연하기 싫다더군요. 그래서 말했죠. '목소리만 들려주면 사람들이 당신을 볼 일은 없잖아요. 당신과 나눈 대화를 넣는 것은 어떠세요?' 그러자 그녀는 동의했는데, 그녀가 옳았어요. 자신의 부재로 현존 이상의 무언가를 가져왔지요"(Jean-Luc Godard, "Propos rompus," *Cahiers du cinéma*, n° 316, octobre 1980, p. 15).

6 "이에르와 디뉴는 돈과 상관없는 영화에 대한 열정을 지닌 유일한 장소들이다"(Marguerite Duras, *Les Yeux verts* [1980], Éditions des Cahiers du cinéma, 2014, p. 85). 이에르 청년영화제(1965~83)는 1971년부터 비평과 프랑스 영화 제도에 대한 고려 속에서 실험영화 프로그램을 선보였다. 1971년 영화제 개막작은 고다르와 장-피에르 고랭Jean-Pierre Gorin(지가 베르토프 그룹)의 〈블라디미르와 로자Vladimir et Rosa〉였고, 폐막작은 뒤라스의 두번째 장편 〈황색 태양Jaune le soleil〉이었다. 이 두 영화가 터무니없다고 판단한 이에르 시청은 이후 영화제 유치를 거부했고, 영화제는 툴롱으로 옮겨 1977년까지 열렸다. 뒤라스는 마지막 회 영화제까지 빠짐없이 참석했다. (고다르의 경우와는 달리) 뒤라스의 모든 영화가 이 영화제에서 소개되었고, 뒤라스는 두 차례 심사위원으로 선임되었다. 여기서 그녀가 회상하는 것은 〈세자레〉와 〈바위에 새겨진 손〉, 두 편의 〈오렐리아 스타이너〉를 상영했던 1979년 영화제다. 이듬해인 1980년 6월, 대통령 선거운동 중이던 프랑수아 미테랑이 이에르에 유럽영화회의를 설립한 것을 계기로 발표된 「독립 영화를 위한 선언Manifeste pour le cinéma indépendant」에 뒤라스도 연명한다(Marcel Mazé, "Marguerite Duras, militante du cinéma différent," Dominique Bax(dir.), *Marguerite Duras-Alain Robbe-Grillet, Théâtres au cinéma*,

다고 오라더군. 참가라도 하란 거지. 그러나 말을 하라고는 한 번도 요구하지 않았네. 아, 라디오에서 한번 말을 하긴 했군. 별건 아니었어. 내가 유일하게 받아들일 수 있는 형식이라 생각하네. 디뉴에서는 그렇게 갑자기 상영 후 대화에 대한 매우 맹렬한 반응이 일었어. 이제는 안 그렇지. 상영 후 내 영화에 대한 이야기를 다신 하지 않을 걸세. 쓰기는, 알겠나, 그래도 약간은 무언가의 뒤로 사라지는 일이지.[7] 쓰면서는 나서야 하는 일은 없지. 좀 단순한 탁상공론이지만, 그렇다네…

고다르: 언제 어떤 순간에 그런 필요가 생겨나서 당신께 전달된 것일까요? 텍스트가 더 어려워졌기 때문일까요?

뒤라스: 자네는 그 필요란 게 뭔지 잘 알고 있어. 끝없는 청원이지. 사람들은 내게 한 번이고 열 번이고 애원하지. 청을 들어주면 그 뒤엔, 그뿐이지. 한데 나는 그 안에 무언가 미심쩍은[8] 게 있다는 것을 몸의 신호로 안다네. 나중에 진상을 말하는 건 부도덕한 일로 여겨져. 그러면 몸이 아프고,[9] 말을

---

t. XIII, 2002, pp. 52~53에 수록).

7   〈할 수 있는 자가 구하라(인생)〉 사운드트랙에 다시 쓰인 문장이다.

8   뒤라스가 말하는 '미심쩍음'은 〈히로시마 내 사랑〉의 한 대사를 상기시킨다. "그: 미심쩍은 도덕 관념에 당신은 어떤 이의 제기를 하지? (매우 가벼운 투로) 그녀: 타자의 도덕을 의심하는 것. (그는 마구 웃는다)." Marguerite Duras, *Hiroshima mon amour, Romans, cinéma, théâtre, un parcours, 1943-1993,* Gallimard, coll. «Quarto», 1997, p. 570.

한 뒤엔 자신이 역겹네. 또 내가 틀렸다는 걸 깨닫게 되고.

고다르: 제게 질문거리가 있어 저와 함께 오고 싶다고 하셨지요.

뒤라스: 그래. 한데 자네는 내게 텍스트를 혐오한다고 했어.

고다르: '율법'이라는 의미의 텍스트 말입니다. 예를 들어 모세는 십계명 돌판에서 무언가를 보았고, 그 후에*après*[10] 거기에 무언가 쓰여진 게 있다고 사람들이 믿게 한 듯해요.

9   이 구절은 잘려서 〈할 수 있는 자가 구하라(인생)〉에 다시 삽입되었다. "나는 그 안에 무언가 미심쩍은 게 있다는 것을 몸의 신호로 안다네. 나중에 진상을 말하는 건 부도덕한 일로 여겨져. 그러면 몸이 아프고."

10   뒤라스와 이 대화를 나누고 삼 년 뒤, 비디오 〈영화 '열정'의 시나리오Scénario du film «Passion»〉(장편영화 〈열정〉[원제 'Passion'은 '그리스도의 수난'이라는 의미도 지닌다]을 만든 뒤 1982년에 연출)에서 고다르는 모세에 대한 자신의 해석을 가장 뚜렷이 드러낸다. 카메라를 마주하고 홀로 편집 테이블에 앉아서 그는 중얼거린다. "나는 〔〈열정〉의〕 시나리오를 쓰고 싶었던 게 아니라 보고 싶었다. 결국 꽤 끔찍한 이야기다. 성서까지 거슬러 오르는 이야기란 걸 깨달았다. 율법을 볼 수 있는가? 율법은 먼저 쓰여졌는가? 아니면 먼저 보여진 후에 모세가 돌판에 쓴 것인가? 내 생각에는 먼저 세상을 보고 나중에 쓴다. 〈열정〉이 묘사하는 세계는, 그것이 존재하여 세계를 찍을 수 있는지 먼저 보아야 하는 것이었다. 〔…〕〔한 편의 영화를 만들려면〕 어떤 세계를 창조할 게 아니라 그 세계의 가능성을 만들어야 한다. 〔…〕 시나리오에서 확실성을 창조해야만, 그다음에 카메라가 그 작업을 가능하게 할 것이다. 이 확실성은 보는 것이다, 불가시성을 보는 것. 불가시성을 가시화한다면, 무엇을 볼 것인가? 시나리오를 볼 것."

뒤라스: 모세는 말하지 않았어. 그가 말한 건 그 전이 었지.

고다르: 그랬죠, 하지만 그건 모세가 지어낸 텍스트들이 었어요.

뒤라스: 그는 말한 적은 결코 없고, 외쳤지. 결국 그들 모두 외쳤다고 생각해. 예수는 항구적인 분노에 사로잡혀 있었던 듯해. 또 모세는 외침만이 가능한 성령에 완전히 사로잡혀 있었지. 그는 한마디도 할 수 없었어. 말하는 건 낱말이었고. 율법은 그 자신 안에 있었다네.[11]

고다르: 네, 하지만 그건 쓰여진 것이었어요. 즉, **성스러운 글쓰기**Sainte Écriture[성서聖書]죠. 신분증이든 통행과 환전 제한을 위한 경찰 서류든 매한가지죠. 보는 행위를 방해당하

---

11   뒤라스에게 모세의 외침은, 그녀가 절대적이고 절망적인
      '지식'이라 이름한 것의 표현이다. 바로 이 지식이 〈인디아 송〉에서
      부영사의 외침 또는 〈바위에 새겨진 손〉에서 마그달레니아기[후기
      구석기 중 한 시기]의 남자의 외침을 창출한다. 예컨대, 뒤라스는
      1978년에 로베르 리나르Robert Linhart의 『작업대L'Établi』에 대해
      쓴 글에서, 모든 투쟁 조직이나 노동조합이 필연적으로 기피하는
      본능적 충동으로서의 노동자의 파업에 대해 쓰면서 이를 상기한다.
      "노동자든 아니든, 여자든 남자든, 지식인이든, 독자든 아니든,
      동물이든 사색자든, 이 분노는 지식 그 자체, 자신을 표현할 수
      없는 지식의 것이다. 모세는 외칠 수밖에 없었던 신이라는 사상에
      도저하게 사로잡혀 있었다. 그는 말을 사용하는 법을 잃었다.
      중재도, 상식도. 선택은 없다. 죽이느냐 죽느냐만 있을 뿐"("Le
      savoir de l'horreur," *Outside. Papiers d'un jour*, P.O.L, 1984, p. 184).

는 느낌이에요. 사물을 보면서도, 다른 정식으로 그것들을 정식화하기 전에, 단순히 예전 정식을 반복해서 보게 하는 방법을 강요당하지요. 그러니 굳이 볼 필요가 없답니다.[12]

뒤라스: 그래, 그렇다네.

고다르: 시나리오에 "숲이 타오르고 있다"라 쓰여 있을 때와 같아요. 돈이 있다면 숲을 태울 것이고… 또 "타이타닉호가 침몰한다"고 하면 팔백 명을 물속에 넣겠지만… 그러나 당신은 아무것도 볼 수 없죠.

뒤라스: "타이타닉호가 침몰한다"고 내가 말하면, 나는 그걸 보는 걸세.

고다르: 바로 그거예요. "타이타닉호가 침몰한다!"라는 문장을 쓸 수는 없잖아요.

---

12   1984년의 한 인터뷰에서, 고다르는 말과 사물의 위계를 전복하는 급진적인 제안을 한다. "존재하기 위해 이름을 필요로 하는 사물이란 무엇인가? 이는 영화 소재로 삼기에 충분할 테다. 나는 나 자신이 작가에 매우 가깝다고 느낀다. 그들은 나의 어마어마한 주적인 텍스트를 섬긴다. 그리하여 사물은 이름이 존재를 허락할 때만 겨우 존재한다. 영화가 보여줄 수 있기 위해서, 그 순간, 공통적으로 통하는 낱말을 택하게 된다. 그리고 사람들은 길잡이에 지나지 않는 언어, 그다음 언어를 찾아내기 위해 사물로 돌아갈 터이다"(Dominique Païni et Guy Scarpetta, "Jean-Luc Godard et la curiosité du sujet," entretien avec Jean-Luc Godard, *art press*, hors-série, n° 4, décembre 1984-février 1985: *Jean-Luc Godard*, IMEC éditeur, coll. «Les Grands Entretiens d'*art press*», 2013, p. 52에 재수록).

뒤라스: 쓸 수 있다네! 나는 한결같은 반복법을 쓰지. 내 생각엔 "타이타닉호가 침몰한다"라고 할 땐 타이타닉호가 실제로 침몰하는 중인 게지. 아무 말도 하지 않는 것보단 훨씬 강력하잖나.[13] 〈인디아 송〉의 어느 지점에서 나는 "갠지스 강 뱃사공의 외침이 들린다"고 말했네. 배와 배, 어부와 어부 간의 부름을 그렇게 말한 거지. 갠지스의 어부들, 캘커타의 소리들이라고. 그 소리들을 듣는 동안. 혹은 그것들을 들은 다음에, 바로 직후.[14] 엄청 강력하게 느껴진다네. 소리가 배로

13 고다르는 자신의 논리를 계속 펼쳐 아직 일어나지 않고 말해지지 않은 일을 보여주는 것이 더 강력하다고 응수하게 될 터다. 2010년, 〈필름 소셜리즘Film Socialisme〉에서 그는 대형 여객선 코스타 콩코르디아를 위험한 상황에 놓인 유럽 연안을 따라 항해하는 자본주의의 방주처럼 촬영했다. 2012년, 유럽이 몰락하는 와중에 코스타 콩코르디아호는 이탈리아에서 침몰했다.

14 〈인디아 송〉에서 뒤라스는 일 년 전 〈갠지스 강의 여자La Femme du Gange〉에서 확립한 소리와 이미지의 분리를 더 복잡하게 만들었다("〈갠지스 강의 여자〉는 두 편의 영화입니다. 이미지의 영화와 목소리의 영화이지요. *Nathalie Granger*, suivi de *La Femme du Gange*, Gallimard, 1973, p. 103). 〈인디아 송〉의 사운드트랙은 영화 음향의 요소를 어긋나게 한다. 소음, 목소리, 음악은 이미지와 직접적으로 동기화되지는 않지만, 순간적인 교차를 통해 서로가 서로를 간섭하고 가리킨다. 뒤라스가 여기서 환기하는 사례는, 안-마리 스트레테르(델핀 셰리그Delphine Seyrig 분)가 바닥에 누워 있는 롱 쇼트 도중에 마이클 리처드슨(클로드 만Claude Mann 분)이 그녀 위로 몸을 기울일 때 침묵 속에서 보이스-오프가 "들어보세요… 갠지스 강의 어부들… 악사들…"이라고 말하며 다른 먼 곳의 목소리와 배의 사이렌 소리가 높아진 직후, 재빨리 침묵이 돌아오기 직전의 순간이다.

증대되지. 그렇지만 권위적인 말만큼 쓰여진 것에 맞서는 건 없지. 법의 말. 알겠나, 예를 들어 내가 쓰여진 것에 맞서 세운 건 이미지보다 정치적인 말일세. 권력의 말.

고다르: 하지만 오늘날 권위적인 언술discours 형태가 아닌 쓰여진 것이 가능할까요? 저는 가능하지 않다고 생각합니다만.

뒤라스: 누군가 시도할 수는 있겠지.

고다르: 시도할 수 있겠지만 헛된 수고일 겁니다. 그래서 〈트럭〉〈인디아 송〉 그리고 롤라 발레리 스타인〔소설 『롤 베 스타인의 환희Le Ravissement de Lol V. Stein』(1964)〕을 창작하셨고 베라 박스터〔〈박스터, 베라 박스터Baxter, Vera Baxster〉(1977)〕를 만드실 필요가 있었던 거죠. 델핀 셰리그가 있는 건 없는 것과는 다르겠지요. 경우는 좀 다르지만『태평양을 막는 제방Un Barrage contre le Pacifique』시절에 쓴다는 고통과 관련된 전환점이 있었고… 이미지를 삭제한다는 인상을 저는 받습니다…

뒤라스: 무얼 말하는 건가?『태평양을 막는 제방』말인가?

고다르: 제가 싫어하고 질색하는 건—그래서 여전히 살아남으려고 애쓰고 있으면서도 적당히 그만하고 있는 것인데요—조용하게, 그 조용함을 즐기면서 영화를 찍지 못하게 하는 겁니다. 고통스럽게 영화를 찍도록 만드는데, 고통은 어

찌 되었든 간에 글에서 비롯된다고 생각됩니다. "진정한 작가들"은, 이런 말이 의미가 있는지는 모르겠지만, 그런 작가들은 안 그렇겠지만요. 그런데 그 원천은… 말씀대로 모세는 이미지를 보고 외치지 않았어요. 나중에야 외치기 시작했죠.

뒤라스: 하지만 「신명기」나, 「에스더서」는 온통 말이라네…

고다르: 네, 그들은 이미지를 저어하죠. 늘 이렇게 말하면서요. "이미지를 짓지 말라" "이미지를 만들어선 안 된다." 그런데 그들은 그들 자신이 이미지를 만드는 걸 막지는 못하죠.

뒤라스: 중세 프랑스 전역과 유럽 그리고 이슬람에서도 모두 이미지를 금했지. 역사적으로 이건 다른 의미를 갖고 있네만.

고다르: 그래요. 하지만 드물죠. 한데 반 고흐 이야기를 하자면, 그는 화가들 중 드물게 분노를 그릴 줄 알았습니다.[15]

15 반 고흐는 적어도 〈미치광이 피에로Pierrot le fou〉(페르낭이 "어느 끔찍한 저녁, 나는 카페에서 반 고흐가 자기 귀를 자르겠다고 결심하는 걸 보았다"고 하는 보이스-오버가 들릴 때 그림 〈밤의 카페〉의 클로즈업이 삽입된다)부터 〈언어와의 작별〉의 확연한 색채론 연구에 이르기까지 고다르 작품을 관류한다. 그는 광기의 가능성 및 고독과의 관계 맺음이라는 면에서 고다르의 회화적 연구를 대표하는 형상 중 하나다. "반 고흐의 면도날이 자주 귀 주위를 맴도는데, 그의 영화들 각각이 하나의 탄생이라면, 이 탄생은 자신의 삶을 늘 위험에 처하게 하는 듯

30

확실하진 않지만 범상한 분노 때문만은 아닌 듯합니다. 그렇게 믿을 수도 있겠지만 제 생각은 달라요. 그런데 제가 보기에 작가나 음악가 들은 분노하는 것 같아요. 그들은 외치는 게 필요하죠.

뒤라스: 나는 휴식이기만 한 문학을 구상할 수 없네. 문학은 되레 위기에 가깝지… 내가 낱말의 "무한한 증식"이라고 부르는 것을 이미지가 결코 대체할 수 없다고 나는 믿네.

고다르: 왜 그걸 모조리 지우지요?

뒤라스: 왜 낱말을 모조리 지우느냐고?

고다르: 아니요! 말하지 않고 보았던 걸 왜 지우느냐는 겁니다.

뒤라스: 난 그걸 지우진 않네, 영화를 만들면서는. 서너 편의 영화에서, 내가 지운 건 배우들이었어. 다섯번째 영화는 배우 없이 찍었지. 〈인디아 송〉에 배우들이 있는지 모르겠네. 나오기는 하지만, 확고한 개념에서의 배우들인지는 모르겠네. 어쨌든 그들은 연기를 하진 않아. 그들은 인물의 근사치

보이므로 퍽 잔인하다. 고다르는 자기 파괴에 이를 때까지 그 진정성을 밀어붙이는 내가 영화에서 아는 유일한 예다"(2002년 프랑수아 샬레François Chalais의 발언을 앙투안 드 베크Antoine de Baecque가 인용, *Godard. Biographie*, Grasset, 2010, p. 181). 고다르의 사진 초상과 프랜시스 베이컨의 〈반 고흐의 초상화를 위한 습작 II〉가 이중인화된 이미지가 〈영화의 역사(들)Histoire(s) du cinéma〉의 네 시간 삼십 분을 마무리한다.

를 선사하기 위해 지원하지.[16] 나는 배우들이 재현에 임하는 영화에는 더 이상 빠져들지 못한다네. 작가와 나, 관객 사이의 중계를 더는 참지 못하겠어. 자네는 유일하게 배우들을 부정하며 연기를 시키지.[17]

고다르: 악마가 있다고 믿으십니까?

뒤라스: 나 말인가? 악마를 믿네, 그래. 악마를 믿어. 악의 존재를 믿지. 사랑을 믿는 만큼, 악을 믿어.

고다르: 어제 정치를 소독désinfection하자고 사람들이 말하지 않는 것이 놀랍다고 하셨죠?

16   고다르와 이 대화를 했던 무렵, 뒤라스는 1976년에 〈캘커타 사막의 베니스라는 그의 이름Son nom de Venise dans Calcutta désert〉을 만들며 이미 그랬듯 배우를 쓰지 않고 세 편의 중·단편을 연출한 참이었다. 〈세자레〉〈바위에 새겨진 손〉〈오렐리아 스타이너(멜버른)〉은 오로지 도시 조망과 풍경으로만 구성되었다. 〈오렐리아 스타이너(밴쿠버)〉도 같은 체제를 따라 연출하려고 준비 중이었다. 그녀가 〈인디아 송〉과 말 없는 몽유병자 배우들을 일컫는 "인물의 근사치"는, 〈박스터, 베라 박스터〉에서도 〈밤 항해〉에서처럼 원칙이 된다. 〈대서양의 남자〉와 〈아가타와 끝없는 독서Agatha et les lectures illimitées〉가 그 뒤를 잇는다. 〈아이들〉은 동시녹음으로 돌아가, 이 체제를 깼다.

17   고다르는 이브 몽탕과 제인 폰다를 기용한 1972년의 〈만사쾌조Tout va bien〉 이후 '직업 배우'들과 작업하지 않고 있었다. 제인 폰다는 같은 해 만들어진 비평 에세이 〈제인에게 보내는 편지〉(〈만사쾌조〉처럼 고다르와 고랭이 공동 연출)에서 부정된다. 1979년은 고다르가 나탈리 베이Nathalie Baye, 자크 뒤트롱과 이자벨 위페르 등 〈할 수 있는 자가 구하라(인생)〉의 배우들에게 돌아간 해로 기록된다.

뒤라스: 전용·轉用, désaffection이라고 했었네.

고다르: 네···

뒤라스: 자네가 일부러 말을 바꾼 게지. 사람들은 정치인을 소독하려 하지 않아. 그들은 계속 증가할 걸세. 스크린은 완전히 타락한 말, 타락한 언술을 재현하는 이 말로 모조리 오염됐어. 진실한 말의 이율배반. 말의 이율배반이 하는 말. 위대한 정치인은 모두 글을 썼지. 그들은 말하지 않았어. 결국, 사람들은 말해버린 다음엔 말, 방금 말하기 시작했던 말과 같은 것에서 멀어지네. **해설자.** 내가 디뉴에서 거부했던 것이지. 권력의 정치적 언술보다 덜 쓰여진 건 없네. **권력**이란, 좌우를 막론하고 당연히 모든 제도 정당을 뜻하고. 이를테면 정치 모리배의 말, 프로파간다인 말. 어릿광대들의 말. 이보다 진실한 말과 대립하는 건 없네. 또 자주, 영화의 말, **영화적인** 말은 그 말을 따르지. 자신을 팔고, 자신의 상품을 파는 말이고. 사실 난 아주 윤리적이야![18] (웃음)

18   뒤라스: "수립된 권력의 이름으로 말하는 것이나 도래할
      권력의 이름으로 말하는 건 같은 일이다. 〔···〕 모두 급진적인
      해결책, 권력에서 비롯한 말을 한다. 이러한 단언을 나는 고전극
      배우들에게서, 연극적 과장 속에서, 영화배우들의 완벽한
      심리주의에서 발견한다. 역할의 진실을 장악한 것은 그들이며,
      미래의 진실을 장악한 것이 그들이다. 거기에 대해, 더는 할 수
      있는 게 없다"(Claire Devarrieux, "La voie du gai désespoir,"
      entretien avec Marguerite Duras, *Le Monde*, 16 juin 1977: *Outside.*
      Papiers d'un jour, op. cit., p. 175에 재수록).

고다르: 만일 텔레비전에 나간다면, 그런 인터뷰를 해야겠지요.

뒤라스: 텔레비전이라니? 자네 진짜 나와 함께 텔레비전에 나가려는 겐가? 자네가 원론적인 질문을 하는 거라고 생각했는데.

고다르: 네, 그것도 맞아요. 차라리 텔레비전[방송]을 만들고 싶어요. 하지만 더 어려운 일이지요.

뒤라스: 텔레비전을 자네가 직접 만들겠다고?[19]

고다르: 아니요, 우리가 선호하는 특별한 방법으로 참여할 수는 있겠죠. 『포춘』인가 『비즈니스 위크』인가 하는 미국 잡지에서 ABC 채널 사장의 인터뷰를 읽은 적이 있어요. 그

고다르: "문학은 세계를 탐구한다. 이러한 의미에서, 문학은 나에게 예술적 교훈을 준다. 나는 문학에 윤리 의식을 빚졌다. 국가, 정부 또는 권력의 말에 대항하는, 문학은 하나의 말이다. 정당의 말이 아니라 한 사람이 한 사람에게 건네는 사람들의 말이다. [⋯] 영화는 현실과 이런 접촉을 더 이상 할 수 있게 하지 못한다"(Pierre Assouline, "Les livres et moi," entretien avec Jean-Luc Godard, *Lire*, n° 255, mai 1997: *Jean-Luc Godard par Jean-Luc Godard*, t. II, *op. cit.*, p. 439에 재수록).

19 고다르는 1976년부터 특별히 프랑스 텔레비전을 위해 두 연작 에세이를 작업했고(18쪽 각주 1을 보라) 모잠비크 텔레비전을 위한 기획도 진행했다. 이 시기 그는 "자신이 직접 만드는" 텔레비전을 꿈꾸었고, 이는 비디오(생방송, 속도와 이미지 크기 변조, 혼합을 재고하기)와 방송(지식 공유의 가능성을 점유하고 철학적, 정치적 혹은 미학적 범주로 텔레비전 프로그램의 개념을 조정하기) 매체에 집중하기 위한 것이었다.

가 이렇게 말하더군요. "사람들은 우리가 프로그램을 만들고, 그것이 우리의 최대 관심사라 생각하는데, 사실 프로그램을 만드는 것은 우리에게 부차적 관심사이며, 우선적인 것은 시청자를 생산하는 일이다." 우리에게 맞지 않는다는 건 압니다… 책으로는 그나마 가능하지요…

뒤라스: 그런데 자네가 텔레비전에서 내게 질문을 하고 싶다 하고 내가 자네라면 승낙하겠다고 하면, 정말 할 작정인가? 아니면 텔레비전 영화를 만들고 싶은 건가?

고다르: 제 친구 중 하나가 그걸 하려고 합니다. 〈트럭〉에서 제가 좋아하는 건 바로… 지금, 트럭을 볼 때, 광고에서처럼 서른여섯 개의 이미지가 아니라 하나의 이미지로 찍었다는 거죠. 트럭 한 대를 볼 때 저는 생각합니다. "한 여자가 말한다." 저는 이것이 꽤 대단하다 생각합니다. 매머드급의 말이지요.[20]

뒤라스: (웃음) 자네가 얘기한 〈트럭〉에서 내가 참 좋아하는 건 침묵의 순간들이라네. 제라르 드파르디외가 갑자기 내게 담배를 줬을 때 내가 입을 다물었더니 매우 난처해하는데, 이 침묵이 무엇인지 알 수 없고 이해하지 못하기 때문이

---

20 〈할 수 있는 자가 구하라(인생)〉에서, 폴 고다르(자크 뒤트롱 분)는 뒤라스가 들어오기를 거절한 강의실에서 말한다. "트럭 한 대가 지나가는 걸 볼 때마다, 여성의 말이 지나가는 것이라고 생각하십시오."

지. 내가 강제수용소와 아우슈비츠의 아브라함의 자손들에 대해 말할 때, 이 침묵의 순간들은 이전에 말이 있을 때만, 말로 둘러싸여 있을 때만 존재할 수 있네. 결국 진정한 침묵이란 그 무엇도, 음악도 함께하지 않는 침묵이야.[21]

고다르: 그렇게 된다면 정말 훌륭하지요… 그런데 당신은 유대계인가요?

뒤라스: 아닐세, 식민지 태생이야. 나는 인도차이나에서 태어났네.

고다르: 아, 식민지 태생이 아우슈비츠를 얘기하다니… 그럴 법하네요.

뒤라스: 최근작 두 편의 영화에서였지.

고다르: 저는 강제수용소에 대한 영화를 만들고 싶지만, 재원이 있어야 하고, 또…[22]

---

21   〈트럭〉에서, 아브라함은 "어쩌면 꾸며낸" 노파의 아들 또는 손자의 이름이다. 아우슈비츠는 전혀 호명되지 않지만, 뒤라스는 여러 인터뷰에서 아브라함을 강제수용소와 연관시켰다(예를 들어, Claire Devarrieux, "La voie du gai désespoir," *op. cit.*, p. 177을 보라). 〈트럭〉의 시나리오에서 아이에 대한 첫 언급은 침묵으로 둘러싸여 있다. "바다는 매우 어두워졌다. 일출 이후 통행금지령이 선포되었다. 밤이 오자 더는 아무것도 없었다. 숲은 경계의 벽을 집어삼켰다. 대륙과 대양 사이는 광막하다. 대륙 사이엔 아무것도 없다. 바다 앞에 탱크들이 있다. 사람들은 허공을 관찰한다. (침묵) 그녀는 꼬마 아브라함을 생각한다. (침묵)."

22   1987년 대화에서, 고다르는 앙드레 라카즈André Lacaze의 『터널*Le Tunnel*』(1978) 또는 장-프랑수아 스타이네르Jean-François

뒤라스: 난 유대인에 관한 두 편의 영화를 만든 참이라네. 〈오렐리아 스타이너〉. 하나를 막 끝냈고, 다른 하나를 만들 걸세.[23]

고다르: 하여간 〈트럭〉은 대단합니다. 비타협적이기도 하고… 슬하에 자녀를 두셨나요?

뒤라스: 그래, 아들이 하나 있네. 한데 침묵이 말에 휩싸여 있다고 말한다면… 자네 동의하려나? 〈트럭〉 속 여행에 관한 말과 내가 "글쓰기의 방"이라고 부르는, 텍스트를 쓰는 검은 방의 말, 이 두 가지 말은 근본적으로 달라. 같은 말이 아닐세. 〈트럭〉의 말, 외부의 말이 글쓰기의 방이 지닌 말보단

23

Steiner의 『트레블링카*Treblinka*』(1966)를 영화화할 계획을 언급한다. 158쪽 각주 61을 보라.

첫번째 〈오렐리아 스타이너(멜버른)〉은 컬러 영화로, 센 강을 따라가는 트래킹 쇼트들과 뒤라스가 보이스-오프로 읽는 텍스트로 이루어졌다. 두번째 〈오렐리아 스타이너(밴쿠버)〉는 흑백 영화로, 저지Jersey와 노르망디 해안 풍경, 글이 인서트된 몇 장면을 배경으로 목소리를 듣게 한다. 세번째 텍스트 『오렐리아 스타이너(파리)』는 출판되고 영화로는 만들어지지 않았다(*La Couleur des mots, op. cit.*, p. 183〔한국어판은 『말의 색채』, 199쪽〕을 보라). 제목이 이름인 보이지 않는 주인공은 여러 세대와 여러 장소에 속하지만, "같은 사람이다. 그녀는 어디 있든 늘 열여덟 살이다. 그녀의 이름도 모두 같다. 또 그녀는 온 땅에 퍼져 있다. 그녀는 이 추운 도시들에, 그리고 수용소에도 있다"(p. 180〔한국어판은 196쪽. 번역은 옮긴이의 것임〕). "도처에서 그녀가 부르고 도처에서 그녀는 기억한다. 그녀는 멜버른, 파리, 밴쿠버에 있다. 이산한 유대인, 난민이 있는 모든 곳에서 그녀는 기억한다"(*Les Yeux verts, op. cit.*, p. 122).

나와 가깝지. 〈트럭〉을 만들며 매우 즐거웠다네. 정말로. 닷새 만에 다 찍었지.

고다르: 그럼 책을 만드는 일은 어떤가요? 『마르그리트 뒤라스의 장소들Les Lieux de Marguerite Duras』같은 책은?

뒤라스: 내가 만든 게 책은 아니었지. 나는 지금처럼 질문하고 답을 했어. 그 뒤에 묶여 편집된 것이지.[24] 입말로만 책 한 권을 온전히 만들 수 있다고 생각하네. 입으로 말해서

24   『마르그리트 뒤라스의 장소들』(Éditions de Minuit, 1977)은 1976년 5월 국립기록원INA이 제작하여 TF1 채널에서 방송한 동명의 두 텔레비전 프로그램에 쓰려고 미셸 포르트Michelle Porte가 연출한 인터뷰들을 엮은 책이다〔이 책의 일부 내용은 『문학동네』, 6호(1996년 봄), '마르그리트 뒤라스 특집'에서 「마르그리트 뒤라스가 사랑하는 곳」(김경숙 편역)이라는 제목으로 국내에 소개된 바 있다〕. 〈할 수 있는 자가 구하라(인생)〉에서 마르그리트 뒤라스가 강의실에 들어오기를 거절하자, 폴 고다르는 『마르그리트 뒤라스의 장소들』을 펼쳐 첫 페이지 중 한 부분을 읽는다. "나는 시간을 보내려 영화를 만든다. 아무것도 하지 않을 힘이 내게 있다면, 아무것도 하지 않았을 것이다. 아무것도 하지 않을 힘이 없기에 나는 영화를 만든다. 다른 이유는 전혀 없다. 이것이 내 시도에 대해 진정 내가 할 수 있는 말의 전부다." 이 책은 1983년에 〈영화 '마리아에게 경배를'에 관한 작은 노트Petites notes à propos du film «Je vous salue, Marie»〉라는 비디오 영화의 짧은 장면에 다시 등장한다. 안-마리 미에빌Anne-Marie Miéville이 고다르에게, 뒤라스가 바흐의 음악을 고야와 비교하는 데 할애한 구절을 읽어주는 장면이 있다. "어떤 측면에선 이런 식으로 무감각해져야 우리는 볼 수 있다. 〔…〕 자신이 뭘 하는지 알았더라면 바흐는 죽어버렸을 것이다"(Les Lieux de Marguerite Duras, op. cit., pp. 29~30).

책을. 대화 상대 없이. 다시 들려지지 않을 테이프는 미래가 없을 터이므로, 음반과는 전혀 다르지. 책이 만들어진 다음에는 없애버리지. 그에 대해 몇 해 동안 생각해보니 요상한 건, 이런 식으로 책 두 권을 계약했는데 카세트테이프를 파는 것이나 진배 없잖은가? 배덕이지… 자네가 지금 하고 있는 일 말일세![25] (웃음)

극장 관객에 대한 이야기를 해볼까?

25   이 '입말 책들'에는 여러 기원과 수신처가 있다. 우선 『마르그리트 뒤라스의 장소들』이나 『말하는 여자들*Les Parleuses*』(entretiens avec Xavière Gauthier, Les Éditions de Minuit, 1974)처럼 고유한 텍스트를 녹음한 낭독들, 그리고 인터뷰들이 책이 되었다. 나중에 뒤라스는 "말하는 책들livres dits"을 언급할 것이다. 1980년대 초부터, 『녹색 눈』 속 어떤 단락들의 글쓰기나, 『물질적 삶*La Vie materielle*』(P.O.L, 1987) 전문, 『마르그리트 뒤라스의 글*Ecrire*』(Gallimard, 1993) 또는 『외부 세계*Monde exterieur*』(P.O.L, 1993)의 몇몇 텍스트들은 늘 (출처를) 언급하지는 않았던 인터뷰 옮겨 쓰기에 기초하고 있다. "말하는 책livre dit"이나 "말들의 책livre de paroles"에 대해서는 Marguerite Duras, *Le Livre dit. Entretiens de «Duras filme»*, édition établie, préfacée et annotée par Joelle Pages-Pindon, Gallimard, «Les Cahiers de la NRF», 2014를 보라. 1987년에 뒤라스는 고다르가 자신에게 『녹색 눈』의 인터뷰를 텍스트로 옮기기를 권했다고 밝혔다. "이건 내 연작 인터뷰에서 시작되었고, 〔잡지 편집진이〕 직접 개입했으면 했는데, 결국 내 특집에 전면을 할애한 그 호 내용 모두를 내가 정리하기로 결정했다. 〔…〕 그 생각을 불어넣은 이는 고다르였다"(Marguerite Duras, *La Passion suspendue. Entretiens avec Leopoldina Pallota della Torre*, Seuil, 2014, p. 180〔한국어판은 『뒤라스의 말』, 장소미 옮김, 마음산책, 2021, 149쪽. 번역은 옮긴이의 것임〕 참조).

고다르: 시간이 많이 걸리겠지만, 네, 해야겠지요.

뒤라스: 우리에게 하루가 주어진다면 이것저것 많은 걸 얘기할 수 있을 텐데 말이지! 오늘 아침 로잔의 호텔에서 자넬 기다리는 동안에, 고다르와 뒤라스의 관객에 대해 내가 뭔가를 써봤다네.

고다르: 저는 관객들이 더 참되다고 생각하는데요. 그들이 저를 지지한 적은 없지만, 제가 지지하는 것을 내버려두긴 했지요. 제가 그들에게 다가가려고 노력하면 관객들은 저를 환대했고, 그렇지 않을 땐 그들은 포기하지요…

뒤라스: 자네는 상호 간에 융합할 수 없는 층이 있다는 데 동의하나?

고다르: 네.

뒤라스: 우리가 같은 의견일 거라고 생각했네. 내가 "최초의 관객"이라 부르는 것에 대해, 오늘 아침에 뭔가를 이렇게 썼다네. 가장 유아적인 이, 영화의 미성년자, 그는 자신의 영역에 머물고, 자폐적이며, 어린 시절의 폭력과 공포를 좇는데, 그를 움직이게 할 수 있는 건 아무것도 없다.[26] 그러므로

26　이 통찰들은 『녹색 눈』(pp. 19~23)에서 영화 관객에 할애한 부분들을 예비한다. "관객, 최초의 관객에 대해 말하기를 시도해야 할 터이다. 유아적이라고 일컬어지는 이는 즐기기 위해, 시간을 제대로 때우기 위해 영화관에 가고, 거기 머문다. […] 이 관객은 우리, 나와 떨어져 있다. 내가 그에게 결코 가닿을 수 없으리란 걸 나는 알고 있고, 그에게 닿을 방도를 나는 찾지 않는다."

다수를 위한 글을 쓸 수 있다는 믿음은 순진하다고 나는 여기지. 그런 일이 일어나고, 일어날 수 있지만, 그건 대중이 만들어낸 우연이라네.

고다르: 맞습니다.

뒤라스: 〈히로시마 내 사랑〉의 관객은 도시와 재난이 만들어낸 거라 믿네.

고다르: 확실히 그렇습니다.

뒤라스: 그 작품이 어려운 영화였기 때문이야. 지금까지 이십만 이상 관객이 들어 장사가 된 〈인디아 송〉도 마찬가지라고 생각해. 이국 취향이 작동한 거지. 음악은 두 가지를 썼는데, 라오스 음악과 카를로스 달레시오Carlos d'Alesio[27]의 음악이었어.

고다르: 음악에 비해 텍스트가 불편한 점은, 저를 강제하는 인상을 받는다는 겁니다… 또는 그리하여 그것은 권력의 말인데, 그렇지만 저는 더 이상 제때에 맞추어 그 말을 다른 것에서 분리하지 못한다는 겁니다.

뒤라스: 어떤 말 말인가?

고다르: 이를테면, 저를 좇는 어떤 움직임보다는 저로 하여금 움직임을 좇게 하는 말이지요.

---

27 카를로스 달레시오는 〈인디아 송〉의 음악을 비롯해, 1974년부터 1980년까지 마르그리트 뒤라스가 만든 영화의 음악을 대부분 작곡했다.

뒤라스: 그런데 자네는 음악의 말을 이르는 건가, 혹은 그저 말을 일컫는 건가? 〈인디아 송〉에서 그것이 자네를 불편하게 했나?

고다르: 아니요, 아닙니다, 전혀요! 텍스트를 제가 불신한다는 겁니다. 저는 어떤 텍스트든지, 심지어 당신의 것도 다르게 받아들이지 못합니다. 이미지처럼 낯선 것을 경유하지 않고서는요. 당신의 텍스트를 이미지 속에서는 달리 느낍니다. 그러나 당신의 텍스트만을 신진 철학자들이나 옛 철학자들의 것과 구분하는 데 이르지는 못 했습니다…

뒤라스: 『롤 베 스타인의 환희』를 말하는 게로군.

고다르: 저는 그저 낱말이면 충분합니다. 제가 이미지를 붙이고, 트럭을 붙이고, 다른 것을 붙이면… 하루는 걸리겠네요. 그 일에 온전히 몰두해서 즐길 테니까요.

뒤라스: 자넨 정말로 거부 반응을 일으키고 있군.

고다르: 어느 정도는… 그래서, 바로 당신께 질문을 하고 싶은 겁니다. 저와는 반대로 반응하시니.

뒤라스: 그래…

고다르: 그런 거부 반응을 갖게 된 건 꽤 오래된 듯합니다. 저는 그런 반응이 자라나도록 했는데, 실은 자연스럽게 그렇게 된 것이었죠. 이는 영화 일을 하며 더 강화되었고, "거봐, 내가 맞았어" 하며 중얼거리는 가운데 굳어지게 되었죠. 이제 잘 알겠어요. 제가 당신에게 정반대의 인상을 받았다는

걸. 그건 반대되는 운동이지요.

뒤라스: 텍스트의 이미지로의 침투. 이러한 반대되는 운동이 자네는 당황스러운 거지. 나는 무엇보다 거기서 다시 길을 발견한다네. 늘상 그래. 하지만 어쨌든 발성영화의 말을 표상하는 손상된 언술로 말할 수밖에 없지. 나는 가끔 첫 발성영화가 〈히로시마 내 사랑〉이라고 말하지. 레네가 내게 이랬기 때문일세. "간곡히 부탁하건대, 당신이 쓰는 것과 제가 요청하는 것 사이에 차이를 만들지 마세요. 그게 제가 당신과 일하는 까닭이니까요."[28] 이런 걸 받아들이고 청할 수 있는 유일한 이였을 테지. "당신은 히로시마에서 아무것도 보지 못했어"로 세상에서 가장 큰 재난에 대한 한 편의 영화를 시작하는. 세상이 사진으로 넘쳐나고 있었을 때인데. 이런 관점에서 레네는 정말 놀라운 사람이지. 그가 내게 청한 것이 내 영화 모두를 관통하여 남아 있다고 여기네. 감행하는 것. 내가 이미지로 영화를 만들어야 했다면, 물론 영화를 전혀 만들지도 않았을 테고, 만들 줄도 몰랐을 걸세.

고다르: 하지만 오늘날 남성의 말은 여성의 말과 다르다고 생각합니다… 해서 한 여성이 "당신은 히로시마에서 아무

28   "레네는 내게 다음과 같은 말을 결코 하지 않은 유일한
        영화인이었습니다. '당신이 하는 건 영화가 아니고, 영화적 시각을
        갖고 있지 않아요.' 반대로, 문학을 하라며 그는 나를 끊임없이
        도발했지요"(Entretien avec Marguerite Duras, *Les Lettres nouvelles*,
        12 mai 1959 : *C'était Marguerite Duras, op. cit.*, p. 300에서 재인용).

것도 보지 못했어"라고 하는 건 우연이 아니지요. 그러니까, 우연은 아니고… 그렇게 된 것이죠.

뒤라스: 아닐세, 나는 그렇게 생각하지 않네. 자네보다 말하는 것에, 그런 판단을 마주하는 것에 우린 덜 익숙한데, 갑자기 히로시마의 재앙처럼 가공할 만한 엄청난 사건의 정점에 떨어지지. 남자들이 늘상 평가하는 것에 우리는 익숙하지 않다네.

(녹음 중지)

뒤라스: 어떤 텔레비전도 우리에게 생방송을 허용하지 않을 걸세. 우리는 화면의 오염에 대해서만 이야기할 수 있을 뿐이지. 자네가 생각한 대로, 오염된 말들. 예전에, 한 텔레비전 방송에서 섭외가 왔었지. 나더러 자유 발언을 해달라고 말일세. 사르트르와 나에게 십오 분 동안.

고다르: "당신은 히로시마에서 아무것도 보지 못했어"는 여성이 하는 말이고, 우리가 〈트럭〉에서 보는 여성의 말도 무겁습니다… 폭스바겐이나 푸조 같은 소형 승용차를 모는 남자들과 견주어 보면 메머드급이란 겁니다. 여성들은 글을 쓰는 데 힘을 쏟고 있는데, 그들이 해야 하는 건 영화입니다.

뒤라스: 여성들은 자신에 대한 글쓰기 역시 멈춰야 한다네, 우선은. 지금은 남자들을 표절하고 있다는 말일세. 나는 여성과 관련한 주제의 모든 연구를 거부하네. 여성 작가, 여성 창작자, 여성 감독, 모두 사절이야.

고다르: 어떤 의도로 하시는 말씀인지요?

뒤라스: 왜냐하면 여자들이 매우 큰 위험에 처해 있기 때문일세. 이론화하는 것, 자네가 방금 한 말을 단순화하자면 말일세. 이론을 세우는 것이지. 『롤 베 스타인의 환희』를 얘기하자면, 확언하건대 나는 베르나르-앙리 레비가 결코 아니라네. (웃음)

하지만 이제 여성들이 이론적 담론에서, 이론의 실천에서 모순적인 경주로 남자를 따라잡으려 노력하는 건 사실이지. 이에 대해서도 오래 얘기할 수 있을 걸세. 나는 이런 일을 내 영화에서 다룬 적이 전혀 없다네.

고다르: "여성들은 자신에 대한 글쓰기를 멈춰야 한다"는 건 어떤 의미인지요?

뒤라스: '여성 자신,' 그들 자신에 대한 것. 남성이 터득한 일종의 논법, 자기 분석, 즉 이론화를 여성들이 실행하는 것을 멈추라는 걸세. 내가 누구인지를 알려 하면, 나는 이미 많이 쓰여 낡아빠진 분석으로 그 과정을 거쳐야 하네. 나는 '여성이 되는 길'을, 여성이 무엇을 하든, 무엇이 도래하든 내버려두는 데서 찾는다네. "당신은 히로시마에서 아무것도 보지 못했어"란 도래하는 것일세. 〈인디아 송〉에서 부영사의 외침처럼, 그것들은 도래하지. 그래서 나는 외치도록 내버려뒀고, 외침이 외쳤다네. 이러지는 않아. "너무 세게 가면 관객들이 나가버릴 거야." 나는 내버려두네. 여성의 자리라는 것이

존재한다면—그것이 존재하는지 확신은 못하지만—이로부터 멀지 않다고 생각해. 그건 유년기의 자리, 다시 말해 남자의 자리이기보다는 **유년기**라네. 남자가 여자보다 유아적이지만, 남자는 유년기가 더 짧지.[29]

고다르: 그러면 아이는 무엇에 소용됩니까?

뒤라스: 아이는 광기라네. 아이들은 다섯 살까진 광인이야. 광인. 불가사의고. 대지의 불가사의. 그러고선 광기는 끝나버리지. 대여섯 살이 되면 끝난다네.

고다르: 끝나지 않을 수도 있지요. 저는 영화나 책의 역할이 단순히 이 "끝나지 않을 수 있"는 데 있다고 생각합니다. 카세트 녹음기에서 뒤로 되감거나 빨리 앞으로 가는 게 가능한 것처럼요.[30]

뒤라스: 그래, 하지만 책은 대개 시작도 끝도 없지. 내가 알기로 글쓰기 이전에 책은 이미 시작된다네. 자네가 내쉬는

---

29 마지막 세 문장은 〈할 수 있는 자가 구하라(인생)〉의 사운드트랙에 다시 삽입되었다.

30 비디오 덕에 고다르는 1970년대 중반부터 슬로모션과 정지화면 및 가속효과를 실험했고, 〈영화의 역사(들)〉에 이르기까지 미묘한 변화를 계속 실험한다. 그는 〈프랑스 일주 우회 두 아이〉 연작 중 움직임을 해체하는 여러 시퀀스에서 이 효과들을 아이들과 연동했다. 옷을 벗고, 가방을 메고, 달리고, 흑판에 글을 쓰고… 각각의 연작 에피소드의 자막에서 고다르는 아이들을 보여주며 촬영에서의 드문 "운동"으로 이름하기까지 한다. 귀에 헤드폰을 쓰고 소리를 녹음하는 소녀와 카메라에 눈을 대는 소년, 그 반대로 행동한 경우도 있다.

숨결이나 다른 작가들에 의해 이끌려 오거나, 갑자기 자네가 쓰는 지면에서 우연히 시작되지. 요컨대 하나의 비전vision이랄까…

고다르: 아이를 책이나 영화에 비견할 수 있을까요?

뒤라스: 책의 저자가 겪는 위기에 따르면 그렇지, 그럴 수 있다네.

고다르: 단순히 인쇄된 사물이…

뒤라스: 아니, 쓰여지는 중인 책을 말한 걸세.

고다르: 표현되는…

(주변 소음 심함)

뒤라스: 비어 있던 지면이 갑자기 채워지는 걸 보게 되지!

고다르: 빈 지면에 비견할 수 있지요.

뒤라스: 그래, 그렇다네.

고다르: 어떤 텔레비전 영화에서 저는 종이를 등사하고 있는 남자아이에게 자신을 조금씩 인쇄되는 중인 종이로 여길 수 있는지 물었지요. 한데 아이는 제게 "아니요, 절대 아니에요"라고 답했어요.[31] (웃음)

31   〈프랑스 일주 우회 두 아이〉에서, 고다르는 아홉 살 소녀(카미유 비롤로Camille Virroleaud)와 동갑내기 소년(아르노 마르탱 Arnaud Martin)을 차례로 인터뷰했다. 이 연작의 5화에서, 소년은 교실에서 시험지를 등사하고 있다. 그에게 고다르는 외화면에서, 백지와 **인쇄하다**라는 동사, 문자와 숫자, 교과

뒤라스: 그 앤 겁먹었던 게 아닐까, 그렇지 않은가?

고다르: 아닙니다, 그 아인 자연스레 제게 답했어요. 저는 그 소년에게 다른 때 두세 번 다른 걸 보여주었던 것처럼 그 아이 자신[이 촬영된 장면]을 보여줄 수 있었는데, 그 앤 사물을 보듯 인식하더군요…

뒤라스: 아이에겐 **자신**에 대한 두려움도 있다네. 그 애도 그걸 맛본 거야. 자신이 두려울 땐, 오로지 혼자서 두려워하지.

고다르: 백지가 겁난다면, 대관절 아이를 갖는 것이 행복한 일이란 신화는 어디서 온 걸까요?

뒤라스: 구별이 명확히 되진 않아. 두려우면서 필수불가결한 일이라네. 백지를 회피할 수는 없지. 아이처럼. 아이의 사랑을 피할 순 없어. 사물들 사이의 관계가 그렇다네. 자네가 책 만들기를 피해야 할 순간 그 책은 존재한다네. 디뉴에 대해 애기하고 싶은가?

> 과정*Programme*이라는 개념에 대해 한참을 묻는다. "사물이 존재한다는 걸 기억하려면 인쇄하지 말아야 할까?—네. —그러면 너는, 너는 존재하니? […] —네, 나는 존재해요. —네가 존재한다는 걸 너는 어떻게 기억하지?—나는 기억하지 않아요. 내가 존재한다는 걸 나는 알아요 […]—너는 네가 존재한다는 걸 그 위에 표시한 종이가 또한 너라고 생각하고, 그렇게 기억하지 않니? —아뇨, 그럴 필요 없어요. 우리가 존재한다는 걸 우린 아는 걸요." 이윽고 화면은 청색 대문자로 쓰인 '진실'이라는 단어와 겹쳐진다.

고다르: 아닙니다. 그걸로 됐습니다. 괜찮아요.

뒤라스: 자네 원하는 대로 하세.

고다르: 차에서 좀더 하도록 하지요. 화제가 더 있다면 얘기하고요. 머리를 아프게 할 필요는 없습니다.

뒤라스: 하지만 자네에게 재미있는 얘길 해주려는걸. 꽤 재미있을 거야.

고다르: 그럼 차에서 얘기해주세요! 차에서 그 얘기부터 하지요.

뒤라스: 내 아들 얘기라네. 그 애가 세 살배기였을 때.

고다르: 좋습니다!

(녹음 중지. 엔진 소리. 그들은 차 안에 있다. 장-뤽 고다르가 운전 중이다)

고다르: 무슨 얘길 하던 중이었죠?

뒤라스: 자네 사는 곳 얘기. 자네는 로잔으로 왔다고 했어. 재미있군!

고다르: …우리가 오시라고 청했지요.

뒤라스: 아니, 이 학교에서 찍는다고 했지! 이 학교에서 얘기하라고 말이야. (웃음)

고다르: 자신들 뜻대로 된다면 여성들도 전쟁을 하리라고 생각하시나요?

뒤라스: 그러리라 생각하네.

고다르: 제 생각엔, 이미지는 폭력을 정화하고 텍스트는

폭력을 만듭니다. 그래서 리듬이 필요할 땐 그 둘을 다 넣지만, 늘 전쟁이고 평화가 전혀 없을 경우에는, 때로는 좀 너무하다 싶지요.

뒤라스: 현재 세계의 상태를 생각하면 전쟁은 회피할 수 없는 게 아닌가 싶네. 남성과 여성의 문제는 아니란 거야. 전쟁을 회피할 수 없다면 모두가 전쟁을 하겠지. "늘 전쟁이거나 늘 평화"인 영화가 있나? 자네가 그렇게 말할 때, 어디에서 평화를 발견하는 건가?

고다르: 아까 "회피"라고 말씀하실 때는 다른 얘길 하신 거였죠.

뒤라스: 더는 잘 모르겠네. 그래, 그랬었지. 아, 쓰여진 것에 대해서였군. 그걸 회피할 수 없을 때는 이미 쓰여지는 중이라고. 자네에게 내 아이 얘길 해주려 했어. 아이들이 광인이고 악마라고 얘기했지. 아이가 세 살 때였어. 어느 날 내게 와서 말하더군. "엄마, 내 가위, 내 가위! 가위 어딨어? 어딨지?" 녀석이 울었고, 아주 속상해해서 내가 말해줬지. "가위를 찾아보려무나!" 녀석은 계속했다네. "엄마, 내 가위 어딨지?" 그래서 말했지. "글쎄, 찾아보렴. 잘 생각해봐! 어디다 두었니?" 녀석이 말하길, "나는 생각할 수가 없어!" 내가 물었지. "왜 생각할 수가 없는데?" 이러더군. "생각을 해보면, 창문으로 가위를 던져버렸을 것 같아서 말이야." (웃음) 알겠나, 그 애는 스스로 겁먹고 자기 두려움을 숨긴 걸세.[32]

50

(녹음 일시정지) 정차 중에 엔진이 도는 소리와 기어를 변경한 후의 소리는 어떤 차이가 있나? 큰 차이가 있나?

고다르: (엔진 소리) 음향 녹음에 어떤 차이가 있는지를 물으시는 건지요?

뒤라스: 녹음이 아니라 결과에 대해 묻는 걸세! 정차 중인 차와 주행 중인 차가 같은 건가? 아마 실제로는…

고다르: 제가 붉은 신호등을 두 번이나 무시하고 지나버렸네요![33]

32   1950년대 말부터 뒤라스는 아이들과 많은 인터뷰를 했는데, 신문(『프랑스-옵세르바퇴르*France-Observateur*』)이나 텔레비전 프로그램(〈댕 당 동 Dim Dam Dom〉) 또는 라디오—대표적인 프로그램으로 프랑수아 트뤼포가 기획해 1967년에 뒤라스와 교대로 녹음한 〈뜻대로 하세요 Comme il vous plaira〉(CD *Marguerite Duras et la parole des autres*, Frémeaux & Associés, 2001 ; "Les enfants du Spoutnik ne sont pas dans la lune" "Pierre A…, 7 ans et 5 mois," *Outside*를 보라)—를 통해 소개되었다. 이러한 유형의 일화들은 잘 알려져 있다. 아이들과 뒤라스의 대화들은, 1971년에 나온 그림동화 『아! 에르네스토*Ah! Ernesto*』(Éditions Thierry Magnier, 2013년 재출간) 등의 글쓰기로 이어졌다. 이 작품의 줄거리는 뒤라스의 마지막 영화 〈아이들〉(1985)의 근간이 된다[뒤라스는 『아! 에르네스토』를 장편으로 개작한 『여름비*La Pluie d'été*』를 1990년에 간행한다. 『아! 에르네스토』는 다니엘 위예와 장-마리 스트로브의 영화 〈앙 라샤샹 En rachâchant〉 (1982)의 원작이기도 하다].

33   〈언어와의 작별〉에서, 자동차 한 대가 붉은 신호등에 다가서자 화면 밖 남자의 목소리가 탄식한다. "나는 아직 한 번도 신호가 바뀌는 순간에 통과해본 적이 없다네."

뒤라스: 그러게. 지난여름은 날이 좋았네.

고다르: 예전 여름이 기억나네요…

뒤라스: 1975년 여름?

고다르: 아니요, 1939년요.[34] 참 오래된 기억이죠.

34   1939년에 고다르는 여덟 살이었고, 그의 부모는 스위스로 막
      이주한 참이었다. 부모는 고다르를 1940년 여름에 다시 프랑스로
      보냈고, 고다르는 파리와 브르타뉴, 비시에 머물렀다〔1940년 6월,
      고다르는 막내 외삼촌의 죽음을 위로하러 파리의 외조부모를
      방문했다. 같은 해 6월 17일 나치가 파리에 입성하자, 고다르는
      브르타뉴의 이모네로 피한다. 스위스로 당장 돌아가기 어려운
      상황이었기에, 고다르는 브르타뉴에서 학교를 다니기도
      했다. 그를 부모의 품에 돌려보내기 위해, 자산가였으며 페탱
      괴뢰정부와 가까웠던 외조부는 비시의 유력자 가문에 고다르를
      맡긴다. 1941년 니옹으로 귀환하기 전까지, 고다르는 비시에
      6개월 동안 머무르며 자신을 돌봐주던 보모와 함께 영화를
      자주 보러 다녔다고 회상하곤 한다〕. 1939년은 마르그리트
      뒤라스가 로베르 앙텔므Robert Antelme와 결혼한 해이기도
      하다. 앙텔므는 1944년에 체포되어 부헨발트로, 뒤이어 다하우로
      이송되었다〔앙텔므는 레지스탕스 활동 중 게슈타포에 체포되어
      나치 강제수용소에 갇혔던 체험을 기록한 『인류L'Espèce
      humaine』를 1947년에 출간한다. 다하우 수용소에 갇혀 있던
      앙텔므를 발견하고 귀향시킨 이는, 뒤라스와 앙텔므의 레지스탕스
      동지들인 프랑수아 미테랑과 디오니스 마스콜로Dionys
      Mascolo였다. 앙텔므는 귀국한 뒤에도 한동안 건강을 회복하지
      못했다. 뒤라스가 집필에 참여한 시나리오를 앙리 콜피Henri
      Colpi가 연출해 칸영화제 황금종려상을 받은 영화〈그토록 오랜
      부재Une si longue absence〉(1961, 〈긴 이별〉이란 제목으로도
      국내에 알려져 있다)의 서사에는, 실종되었다 돌아온 앙텔므를
      돌본 뒤라스의 체험이 스며 있다. 뒤라스는 앙텔므와 1947년에
      이혼하고, 같은 해에 디오니스 마스콜로와의 사이에서 아들을

뒤라스: 그해 여름이 꽤 더웠던가? 한데 여름은 아직 좀 더 갈 듯하군… 나는 트루빌에 가서 시월을 지내려 하네. 사람들이 아직 수영을 하지. 지금 여기서 자네가 산다는 게 신기하군.

고다르: 아, 사실 여기는 아니고요. 이 지역을 말씀하시는 건가요?

뒤라스: 아니, 스위스 말일세.

고다르: 아, 여긴 미주美洲와 비슷한데요. 제가 언어를 알고, 또 좀 알았던 곳이라는 걸 빼면, 별반 다르지 않습니다. 같은 정체政體를 갖고 있고요.

뒤라스: 프랑스에 **반대해서**contre 이리로 온 건가?

고다르: 아닙니다, 도시를 피해contre 온 겁니다. 도시를 좋아하지만, 텍스트처럼, 숨이 막힙니다. 파리 사람들이 떠나지 않는 게 놀라워요.

뒤라스: 그래, 한데 자네는 프랑스에 장소를 갖고 있었지! 시골은 더 비어 있고 말이야.

고다르: 그랬죠, 하지만 너무 한곳에 모여 있어서. 여기는 그래도 아직은 좀… 다른 대가를 치러야 하지만 그래도…

얻었다. 마스콜로와 뒤라스는 1956년에 이혼했지만 절친한 벗으로 남았다. 1985년, 뒤라스는 종전 후 앙텔므가 생환하기를 기다리며 쓴 일기를 표제작으로 삼아, 비슷한 시기와 주제를 다루는 다른 단편과 함께 묶은 『고통*La Douleur*』을 출간했다].

뒤라스: 나는 이제 실질적으로 파리를 떠났다네. 일 년에 석 달을 머물지. 어쨌든 자네는 파리에서 벌어지는 일을 알고 있잖나. 사람들이 차츰 쫓겨나고 있어. 집세가 자율화되었으니, 곧 프랑스 부호들과 그들의 사무실만 남겠지.

고다르: 뉴욕과 마찬가지죠.

뒤라스: 곧 맨해튼처럼 되겠지. 파괴된다는 거야. 그런 의도를 받아들이는 건 어쨌든 힘들군.

고다르: 여긴 꼭 로스앤젤레스에 있는 듯한 느낌이에요. 동네 사이에 아직은 풀이 있는 로스앤젤레스랄까요. 로스앤젤레스는 보주州와 면적은 비슷한데, 고속도로와 시멘트뿐이죠.[35]

뒤라스: 난 가본 적이 없어 모르겠네.

고다르: 마찬가지입니다. 다만 로잔이라는 동네에서 제네바라는 동네로 가려면 숲을 지나야 하지요. 백 년 뒤면 모두⋯

---

35   고다르는 "스토리"라는 제목으로 흔히 알려진, 로버트 드니로와
      다이앤 키튼을 기용해 촬영하길 원했던 미국 프로젝트의
      제작 조건을 프랜시스 포드 코폴라와 협상하기 위해 당시
      로스앤젤레스와 샌프란시스코를 오간 경험을 넌지시 비추고
      있다(고다르는〈할 수 있는 자가 구하라(인생)〉촬영과 뒤라스와
      이 대담을 진행한 직후인 1979년 12월에 뉴욕에서 키튼을 만난다).
      미국 프로젝트는 1981년 말까지 진행되었으며, 무산되기 전까지
      제목과 공동 제작자가 여러 차례 바뀌었다(*Godard. Biographie, op.
      cit.*, pp. 567~70을 보라).

뒤라스: (말을 가로채며) 노플-르-샤토〔영화 〈나탈리 그랑제Natalie Granger〉(1972)와 〈트럭〉의 실내 장면 등을 촬영한 뒤라스의 집이 있는 곳〕에 머물 때면 장을 보기 위해 난 밀밭과 옥수수밭, 숲을 가로지르지… 연못가를 따라서.

고다르: 여기서 말이나 암탉을 촬영하는 건 쉽지요. 파리나 뉴욕에선 쉽지 않지만.

뒤라스: 자네에 관한, 아니 자네가 만든 『카이에』 특집호의 어린 암소들은 여기서 발견한 건가?[36]

36   고다르가 지면 전체를 구상한 『카이에 뒤 시네마』 300호(1979년
      5월)에—"녹색 눈"이라는 제명으로 1980년 6월의 312/313
      합본호는 뒤라스가 책임편집했다—고다르는 세 장의 암소 사진과
      알랭 타네Alain Tanner의 영화 〈메시도르Messidor〉(1979)의
      스틸사진 한 장을 삽입한다. 고다르와 더불어, 타네는 위대한 당대
      스위스 영화인 중 한 사람이다(고다르는 몇 달 뒤 타네의 딸인
      어린 세실 타네Cécile Tanner를 〈할 수 있는 자가 구하라(인생)〉에
      캐스팅한다). 고다르는 암소가 실린 지면에, 암소들 바로 앞에
      타네에게 보내는 다음의 편지를 싣는다. "함께 싣는 세 암소의
      사진이 〔…〕 세 가지 다른 표현을 보여주고 있는 한편, 당신의 영화
      속 여성 배우들은 늘 같은 표현을 하고, 당신은 일부러 불가능함을
      표방하는 것이 분명해 보입니다." 조금 뒤에, 고다르의 편지는
      이렇게 이어진다. "말해지고 쓰여지는 것과 반대로, 이 동물들의
      시각은 그 자체로 온전히 중립적입니다. 그런 게 존재한다면
      말이지요. 진정한 영화 잡지를 대체할 만한, 진실한 비평적
      시선입니다. 기실, 이 암소는 영화인들이 자동차를 굴린다는 걸
      비판하는 게 아니라, 영화인들이 현장으로 촬영을 하러 온다고
      한들 시간당 120킬로미터의 속도로 그들의 시선이 지나가버리는
      걸 비판합니다"(Cahiers du cinéma, nº 300, op. cit., pp. 32~35).
      세르주 다네는 〔알랭 타네의 영화〕〈노 맨스 랜드No Man's

고다르: 안-마리[미에빌][37]가 찍은 겁니다. 안-마리가 많이 찍었어요. 그이가 찍은 사진은 표현이 풍부하죠.

뒤라스: 소들이 정말 준수하더군.

고다르: 프랑스 소들과는 다르죠.

뒤라스: 색이 또렷하더군! 털 색이 밝고, 짧고 곱슬곱슬한 게.

(녹음 중지)

뒤라스: 저건 동프로이센 흑송 아닌가? 아마 그럴 걸세. 호텔 뜨락에 한 그루 있어. 아주 크지. (잠시 후) 저 나무가 뭔가를 생각나게 하는군. 문득 텔아비브가 떠오르네.

고다르: 거기 사람들은 일 년 내내 군복무를 하니까요.

뒤라스: 그래, 나이 많은 거주자들은 다른 언어를 쓰지.

Land〉(1984)의 암소 쇼트가 지닌 "환상적인 아름다움" 속에서 고다르에게 보내는 타네의 답신을 발견했다(*Libération*, 30 août 1985, Serge Daney, *Ciné-journal*, vol. 2, Petite bibliothèque des *Cahiers du cinéma*, Paris, 1998에 재수록).

37 1973년부터 고다르의 반려자이자 협업자인 안-마리 미에빌은 〈6×2〉〈여기 그리고 다른 곳Ici et ailleurs〉(1974), 〈소프트 앤드 하드Soft and Hard〉(1985), 〈올드 플레이스The Old Place〉(1998) 등 여러 작품을 고다르와 공동 연출했다. 미에빌은 고다르의 작품과 조응하는 작품들(예를 들어 〈마리아에게 경배를Je vous salue, Marie〉[1985]과 〈마리의 책Le Livre de Marie〉[1985])을 만들고, 고다르를 자신의 영화 〈우리는 모두 아직 여기에 있다Nous sommes tous encore ici〉(1997), 〈화해 이후Après la réconciliation〉(2000)에 출연시키기도 했다.

텔아비브에서 해변을 산책하노라면 노령의 독일인, 헝가리인, 프랑스인들을 스치게 돼. 저 다리가 맘에 드는데, 이름이 뭔가?

고다르: 저 다리에서 사람들이 자살을 기도하곤 해요.

뒤라스: 그러라고 만든 것 아닌가?

고다르: 그럴지도요…

뒤라스: 전등이 있어서 밤에 지나는 육신들을 밝혀주니, 꽤 인상적인걸. 그럴 때면 몸들 자체가 빛의 근원이 되고. 다리를 지을 장소를 잘못 택했지만, 결국 아름다운 도시를 만드는 데 기여하는군.

고다르: 뭘 만든다고 하셨죠?

뒤라스: 아름다운 도시라고 했네. **그림 같은 도시**라고 여행 안내 책자는 일컫겠지. 대로를 가로지르는 다리가 도처에 있는.

고다르: 작업을 하실 때 절대적으로 혼자라고 느끼십니까?

뒤라스: 충분히 혼자라고 느끼지는 못하지. 한 달 반 동안 혼자 떠나 있긴 했는데. 꽤 오래전부터 난 쓰기 위한 노력을 하지 않았어. 영화가 그로부터 도래하지 않을까 봐 근심하지 않는, 진정한 쓰기 말이야. 심지어 모른 척 내버려둔 채로 말일세. 그리고 결국 해냈지. 30일 동안 50매를 빽빽하게 타자 쳐서 썼다네. 많은 시간이 걸리는 일이야. 텍스트는 시간

을 요하지. 고독이라는 노고를.

고다르: 스크립트를 쓰실 때 구상을 적는 노트를 갖고 계신가요?

뒤라스: 난 언제나 손으로 쓰기를 시작하지. 영화를 만들 때는, 일정을 세우지 않는다네. 〈트럭〉의 경우, 사흘 동안 얘기를 나눈 다음 어디로 가는지 모르고 밤마실을 나섰지. 어쨌든 나는 뭔가를 썼어, 여남은 쪽을 썼다네. 즉흥으로 나아갈 수 있는 가능성을 갖기 위해서 말일세.

고다르: 영화에서 볼 수 있는 종이가 그것이군요.[38]

38 〈트럭〉의 텍스트 낭독 쇼트에서, 뒤라스와 드파르디외는
    탁자 앞에 앉아 그들 앞에 놓인 '시나리오' 종이를 쥐고 있다.
    "종이를 쥐고 영화를 읽는데, 드파르디외로 하여금 읽게 하는
    것, 영화에서 그가 시나리오를 공들여 읽는 건 처음이죠. […]
    낭독을 보여주는 것, 손에 종이를 들고 낭독하는 걸 처음 보여주는
    것은 낭독하는 내용을 연기하는 것이나 그 재현만큼이나—혹은
    그 이상으로—영화적입니다"(Entretien avec Michelle Porte
    in Le Camion, op. cit., p. 86). 뒤라스에 따르면, 이 종이들을
    보여주는 것은 영화 말미에서 드파르디외의 뒤에 있는 조명
    장비를 드러내는 패닝에 필적하는 일이다. "재현에 대한 편견에
    종지부를 찍어야 합니다. 한 장면scène을 보여준다면, 그 신이
    어떻게 찍혔는지, 카메라가 그 장면을 어떻게 찍었는지도 보여줄
    수 있습니다. 카메라에 찍힌 장면처럼 그 또한 영화입니다"(Le
    Monde extérieur, op. cit., p. 189). 뒤에 등장하는 대화(60쪽)에서,
    뒤라스가 "로마 근교에 있던 노파"의 일화로 결론짓는 방법은
    이를 예증한다. 〈트럭〉으로부터 일 년 뒤, 뒤라스의 말에 따르면,
    뒤라스는 카메라를 "뒤집어l'envers" 놓아 두고 〈밤 항해〉를
    촬영하는 방법을 발견했다(뒤라스와 고다르의 작품에서

뒤라스: 그래! 그거라네! 한데 이블린〔뒤라스의 노플-르-샤토 집이 있는 파리 서쪽 도都〕에서 지나는 차를 세우려던 무명의 나이 든 여자를 난 정말 좋아해. 그녀를 진정 사랑한다네. 특히 그 명랑함을. 알겠나, 그녀는 〈인디아 송〉의 걸인 여자와 관련이 있어. 그 명랑함, 게다가 운전하는 이를 꾸짖을 때의 그 대담함. 요컨대 한 치도 주저하지 않지. (잠시 후) 장-뤽, 자네가 만든 영화 중 만족하는 작품이 있나? 물론 있겠지?

고다르: 생각해본 적이 없는 문제군요…

뒤라스: 나는 생각해봤다네.『트럭』을 쓰고 〈트럭〉을 만든 것에 난 만족하네! 감정이 없거나 신경 쓰지 않고 자문하지 않게 되는 작품도 있지만, 만들어서 기쁜 영화들이 있어. 하지만 엄밀한 의미에서 촬영이란 **힘든**, 보답 없는 시간이라고 자네는 생각하지 않나?

고다르: 네, 보답이 없어야 한다고 믿게 만들죠.

뒤라스: "믿게 만든다"고 생각한다고?

뒷면*envers***과 표면***endroit* 개념에 대해서는「1987년 대화」, 164~65, 182쪽을 보라. "내가 몇 달 동안 간구했던 〈밤 항해〉라는 영화가 할 수 있는 것보다 역사를 더 많이 (그러나 헤아릴 수는 없는 지점에서) 증언하는, 〈밤 항해〉에서 파생한 영화들에 도달하는 게 가능함을 알게 되었습니다. 우리는 카메라를 뒤집어 놓았고 그 안에 들어오는 밤, 공기, 프로젝터, 길, 얼굴들도 찍었습니다"(*Le Navire Night*, Mercure de France, 1979, p. 14).

고다르: 확실히, 그렇습니다.

뒤라스: 〈트럭〉은 전혀 힘들지 않았네. 〈트럭〉을 찍는 동안 늘 좋았지, 항상. 스태프들은 모두 편안해했고. 아마도 결국 시간순으로 진행되는 영화였기 때문이었을 걸세. 두 장소가 있고, 바깥과 안이 있고, 심각한 연출부 문제는 없었지. 사운드 문제도. 다만 촬영 말미에 몇 번 소진된 듯 지치기는 했지. 이 점은 좋아하지 않아. 영화를 **둘러싼 채** 다다르는 모든 것이 촬영 중에 뒤섞이지, 그렇지 않은가? 로마 근교에 있던 노파 얘기를 아나? 어느 새벽 네 시가 막 지난 로마 근교였어. 어느 마을의 나이 든 시골 할머니였는데, 조명이며 장비 설치대, 사다리, 트럭, 크레인을 갖춘 촬영 팀을 본 거지. 할머니가 한 사람을 멈춰 세우고 물었어. "대관절 뭣들 하는 중이오?" 그이는 대답했지. "영화를 찍는 중인데요!" 그러자 할머니가 스태프들에게 말했다네. "저런, 내가 여기 사람들을 좀 아는데, 이 시간엔 아무도 못 찍을 거요!" 그래, 사실 이게 이미 영화지. 난 이 얘기가 좋아. 이 얘기 못 들어봤나?

고다르: 아니요. 전에 비슷한 얘길 들었는데 영화 속에 넣고 싶었습니다만…

뒤라스: 그럼 이 얘길 넣지 그러나! 아, 『카이에 뒤 시네마』에 나온 자네의 암소들을 보고, 나는 코끼리 얘길 생각했지. 세 암소가 나는 코끼리를 보네. 코끼리 한 마리가 지나가자 첫번째 암소가 이렇게 말해. "저것 봐, 나는 코끼리야." 두

번째 코끼리가 지나가자 두번째 암소가 말하지. "저것 봐, 다른 코끼리가 날아가." 세번째 코끼리가 날아서 지나가자 세번째 암소가 여전히 지치고 무표정한 어조로 말해. "저기 어딘가에 둥지가 있나 보네." 그게, 내가 보기엔 자네 암소들은 나는 코끼리들을 봤어. 그런데 암소들은 모든 걸 깨닫고… 진정으로 초월했지.

고다르: 아 네, 그럴 겁니다… 제가 들었다던 얘기는, 아마도 독실한 신심을 지닌 유대인에 관한 건데요. 담임 랍비를 만나러 가서, 이렇게 말합니다. "고민이 있습니다. 제가 천국에 갈 수 있을지 꼭 알려주셔야만 합니다. 사업을 여럿 하는데 잘 안 되고 있어요. 이번 토요일까진 천국에 갈 수 있을지 없을지 확실히 알고 싶습니다." 랍비가 그에게 대답하길, "어려운 문제라 당장 답해드릴 수 없고, 토요일에 다시 오시오. 제가 할 수 있는 한에서 답을 드리겠소." 그래서 그는 토요일에 다시 찾아갔고, 랍비가 그에게 말합니다. "좋은 소식과 나쁜 소식이 있소. 희소식은, 이의 없이 천국행이 정해졌다는 것이오. 이제 나쁜 소식을 전하지요. 수요일에 떠나시게 되었소이다."[39] (웃음)

---

39 〈할 수 있는 자가 구하라(인생)〉에서, 폴 고다르와 드니즈 랭보가 들른 어느 카페의 손님이 모피를 입은 신비하고 매우 우아한 성판매 여성에게 이 이야기를 하는데, 여자는 지루해하며 이야기를 듣는다.

뒤라스: 아 정말, 끝내주는군, 끝내줘! 그런데 왜 "떠난 다"고 하는 거지?

고다르: 어떤 면에선, 돌이킬 수 없으니까요!

뒤라스: 열차 칸이 생각나는군.[40]

고다르: 열차라, 그렇네요.

뒤라스: 그리고 자네의 공장은 극장이지. 어쨌든 자넨 로스앤젤레스에 갔지 않나! 난 거기 가본 적이 한 번도 없다 네. 미국 제작자 얼굴도 본 적이 없어.

고다르: 저는 모잠비크에도 갔었어요.[41]

---

40   〔옮긴이〕 여기서 뒤라스는 수용소로 가는 열차를 상기하는 듯하다.
      〈트럭〉에도 현재 시점의 열차를 보고 수용소로 유대인을 나르는
      역사 속 열차를 떠올리는 듯한 부분이 있다(36쪽 각주 21 참조).

41   고다르는 『카이에 뒤 시네마』 300호(1979년 5월)에, "남부에 맞선
      북부, 혹은 국가(이미지)의 탄생Nord contre Sud, ou Naissance (de
      l'image) d'une nation"이라는 제목으로 텍스트와 사진의 콜라주를
      60여 쪽에 걸쳐 실으며 모잠비크 체험을 옮겼다. 소개글은
      이렇게 시작한다. "1977년, 영화와 텔레비전 프로그램 제작사인
      소니마주는, 제네바국제회의에 즈음하여 공통의 친구들의
      중재 아래 모잠비크인민공화국 대표들과 접촉하기 시작한다.
      소니마주사는 모잠비크에 아직은 존재하지 않지만, 국가적
      시청각 상황을 활용하여 (겨우 이십 년 뒤면) 모잠비크의 전 사회
      지리적 구성체 속에 넘쳐나게 될 텔레비전을 연구하길 권고했다.
      이미지와 이미지의 욕망(자신을 기억하고 이 기억을 내보이려는
      갈망, 떠나고 도착하는 기억을 기록하려는 갈망, 행위의 선線,
      독립이라는 목적을 위한 도덕적/정치적 지침) 연구." 고다르는
      1978년 8~9월에 기초 작업을 위해 모잠비크를 처음 방문한 뒤 이
      프로젝트에서 손을 뗐다.

(그들은 도착하여 차를 세운다)

1980년 대화

뒤라스는 1980년 7월에서 9월까지 일간지 『리베라시옹』에 매주 연재한 글을 모아, 10월에 바로 미뉘 출판사에서 칼럼집 『80년 여름 *L'Été 80*』을 출간했다. 1977년에 나온 『에덴 시네마 *L'Éden cinéma*』 이후로 영화와 상관없는 텍스트를 처음 쓴 셈이다. 같은 해 9월 말 혹은 10월 중에 고다르와 다시 만난 것은 확실히 이 텍스트를 쓴 직후이다. 고다르는 5월에 칸 영화제에서 〈할 수 있는 자가 구하라(인생)〉을 상영하고, 10월 중순에 극장에서 개봉했다. 한편 그는 미국 프로젝트 〈스토리〉 작업을 계속하고, 〈열정〉을 준비하는 중이었다.

미국 평론가 리처드 브로디가 쓴 고다르 전기에 따르면, 제작자인 마랭 카르미츠 Marin Karmitz가 "고다르와 마르그리트 뒤라스 둘 다 아파트를 갖고 있는 트루빌에서 두 사람을 만나게 한다. 고다르는 뒤라스와 함께 '근친상간에 관한' 무언가를 작업하고 싶어 했으나, 두 사람은 공동 프로젝트를 수행하기로 동의하는 데 이르지 못했다."[1] 카르미츠는 고다르와 친숙했다. 1960년대 초반 고다르의 조연출이었고 〈할 수 있는 자가 구하라(인생)〉을 제작한 참이었다. 카르미츠는, 뒤라스가 집필 중이었으며 1965년에 출간하게 될 소설 『부영사 *Le Vice-Consul*』의 일부를 각색하여 뒤라스가 쓴 시나리오로 1964년에 〈검은 밤, 캘커타 Nuit noire, Calcutta〉를 연출했기에 뒤라스와도 잘 아는 사이였

1   Richard Brody, *Everything Is Cinema: The Working Life of Jean-Luc Godard*, Metropolitan Books, 2008, p. 433.

다. 1985년에 고다르가 『연인』을 영화화하고 싶어 할 때, 마랭 카르미츠는 다시 두 사람 사이에서 거간꾼 노릇을 하지만 성공하지 못했다.

고다르가 제안한 근친상간이라는 주제는 공동 작업으로 나아가지는 못했지만, 고다르가 만들 작품에 반향을 일으킨다. 1982년에서 1983년 사이에 준비했으나 제작하지 못한 이 프로젝트의 주제를, 고다르는 〈미녀갱 카르멘Prénom Carmen〉(1984), 〈마리아에게 경배를〉(1985), 〈리어 왕King Lear〉(1987)에 변형해 흩어 놓는다. 뒤라스는 로베르트 무질Robert Musil의 『특성 없는 남자』에서 영감을 얻은 오누이 사이의 근친상간이라는 주제를 좇아, 1980년 말부터 텍스트 『아가타Agatha』를 쓰고 1981년 초 영화 〈아가타와 끝없는 독서〉를 찍는다.[2] 이미지로 이 주제를 직접 표현하지는 않고—영화에서는 트루빌의 황량한 해변과 로슈 누아르 호텔의 추운 로비만 볼 수 있을 뿐이다—말로만 이를 달성하는 듯 보인다.

마르그리트 뒤라스 아카이브에 보존되어 있는 그들 대화의 녹음 분량은 한 시간 삼십 분가량이며, 다음 녹취록은 대화 전체를 푼 것이다.

2   〔옮긴이〕 같은 해에 뒤라스가 말년의 연인 얀 앙드레아Yann Andréa를 출연시켜 만든 〈대서양의 남자〉도 〈아가타와 끝없는 독서〉를 변주한 영화로 알려져 있다. 107쪽 각주 1을 참조하라.

고다르: RAI[1]를 위해 뭘 만드십니까?

뒤라스: 로마에 대한 영화야.

고다르: 로마에 대한?

뒤라스: 그래, 로마와 관련된 영화라네.[2]

고다르: 구상은 하셨나요?

뒤라스: 전혀 안 했네. 2월에 로마에 삼 주 동안 머물 텐데. 아직은 잘 모르겠지만, 뭔가를 얻을 수 있겠지.

고다르: 그러면 어떤 영화가 될까요? 인물에 관한 영화일까요, 도시에 관한 영화일까요?

뒤라스: 그저 도시에 관한 영화라네. 내가 원하고 다루려는 소재는 그런 것일세. 한 축을 정해서 그 축을 따라갈 거야. 나는 단지 소소한 것들밖에 모른다네. 아피아 가도[3]를 촬

---

1   〔옮긴이〕이탈리아 공영방송Radiotelevisione italiana S.p.A.를
     가리키는 약어.

2   뒤라스가 1982년에 촬영한 〈로마의 대화Dialogue de Rome〉를
     가리킨다. 영화는 1983년 5월에야 파리에서 개봉했다. 대본은
     10년 뒤에 작품집 『마르그리트 뒤라스의 글Écrire』에 묶여
     출간되었다. 〈로마의 대화〉는 〈세자레〉(1979)와 더불어 라신의
     『베레니스Bérénice』를 참조했다. 이 희곡에는 "유대인들과 같은
     길을 가고자, 같은 장소에서 떠나는, 자신이 속한 집단 안에서
     부정당한" 비극적인 여성 주인공이 등장한다(La Couleur des mots,
     op. cit., p. 172〔한국어판은 『말의 색채』, 186쪽. 번역은 옮긴이의
     것임〕). 『베레니스』는 고다르에게도 중요한 작품이다. 그는 이
     희곡을 여러 번 영화로 옮기려 했고, 〈결혼한 여자Une femme
     mariée〉(1964)에서도 인용한다.

3   〔옮긴이〕기원전 312년 로마 제국 시기에 건설된 대로. 로마

영하려 해, 밤에.

고다르: 이미 많은 걸 하셨잖아요… 이 작품은 주문 제작인가요? 기본 구상에서 어떤 식으로 출발하실 거고, 왜 구상을 받아들이셨나요? 주문 제작일 때는 어떻게 시작하시나요?

뒤라스: 마찬가지일세. 〈히로시마 내 사랑〉은 주문 제작이었네. 〈오렐리아 스타이너〉가 주문 제작이었고. 『롤 베 스타인의 환희』도 주문 제작이었어.

고다르: 주문 제작은, 대관절 **누가** 의뢰하는 거죠?

뒤라스: 『녹색 눈』이 주문 제작이었네.[4] 누가 의뢰하느

4

시가지에서 시작되어 브린디시에 이르는 500킬로미터의 길이다.
〈히로시마 내 사랑〉은 알랭 레네와 그의 프로듀서 아나톨
도망Anatole Dauman이 시몬 드 보부아르와 프랑수아즈 사강에게
의뢰를 고려했다가 뒤라스에게 요청한 것이다(Anatole Dauman,
Souvenir-écran, Éditions du Centre Pompidou, 1989, p. 85를
보라). 〈롤 베 스타인의 환희〉의 첫번째 판은 미국 출판사 그로브
프레스와 TV 채널 포 스타의 의뢰에 응하여 시나리오 형식으로
나왔다. 이 두 회사는 누보로망 계열 작가들의 시나리오를 연작
영화로 제작하길 원했다. 버스터 키튼Buster Keaton이 출연한
사무엘 베케트Samuel Beckett와 앨런 슈나이더Alan Schneider의
〈영화Film〉만 실제로 만들어졌다(*C'était Marguerite Duras, op.
cit.*, pp. 413~17과 "Lettre à M. Krost," *Le Monde extérieur, op. cit.*,
p. 181을 보라). 뒤라스는 때로 〈오렐리아 스타이너〉의 첫번째
편이 언론인이자 텔레비전 진행자인 앙리 샤피에가 자신이 대표로
재직하던 회사인 파리-오디오비주얼을 위해 의뢰한 것이라고
술회했다(*La Couleur des mots, op. cit.*, p. 184). 그런데 샤피에는
뒤라스가 이미 갖고 있던 구상을 만들도록 설득한 것이라고

냐고? 그건 중요하지 않아. 마감 시한이 있으면 해내야 하지.

고다르: 그렇지요. 어쩌면 마감이 의뢰하는 걸지도…

뒤라스: 그렇다네, 중요한 건 **그거지**.

고다르: 그래서 마감 시한이 작업을 시킨다는 걸 받아들이고, 마감 시한 **때문에 사실상** 의뢰를 수락하는 걸까요?

뒤라스: 지금 『리베라시옹』에 기고하고 있는데, 마감은 매주 돌아오지. 엄청난 속도라네.[5]

고다르: 다른 사람과 함께 일하신 적은 없나요? 의뢰를 받는 것 말고, 다른 이에게 의뢰하신 경우는 없었나요?

뒤라스: 나와 함께 일하자고?

고다르: 제게 함께 일하자고 제안할 생각을 하신 적은 없는지요? 작업을 같이 하지 않더라도, 지금 제가 요청드리는 것처럼요… 저는 이 년 전에 클로드 밀러와 샹탈 아커만을 만나 시도를 해봤습니다. 책 한 권을 같이 내기로 하고, 각자 자기가 쓸 주제를 얘기해보자고 의견을 모았는데요, 한두 번

했다(Henry Chapier, *Version originale*, Fayard, 2012). 『녹색 눈』은 『카이에 뒤 시네마』의 제안으로 나왔다.

5 1980년, 『리베라시옹』 편집장 세르주 쥘리Serge July가 뒤라스에게 칼럼을 매일 기고해달라고 요청한다. 뒤라스는 주간 연재를 선호했고, 1980년 7월 16일부터 9월 17일까지 "녹색 눈의 여름L'été des yeux verts"이라는 제목으로 글을 실었다("녹색 눈"이라는 제호의 『카이에 뒤 시네마』 특집호는 이보다 한 달 먼저 발행되었다). 시사와 픽션, 일기가 섞인 이 시평은 같은 해에 "80년 여름"(Les Éditions de Minuit, 1980)이라는 제목으로 묶였다.

만나고 더는 만남을 지속하진 못했어요.[6] 그땐 저 자신에게
주문한 한 가지 구상이 있었습니다. '그것은 하나의 영역 같
은 것이다. 할 수 있다면, 스스로 그 영역을 가로지르게끔 해
야 하며, 네가 보고 들은 것을, 혹은 그것을 어떻게 배양할 것
인지를 묘사할 수 있어야…' "아버지들과 딸들pères et filles"이
란 주제에 대해 저와 같은 생각이셨죠. 영어로 "파더스 앤드
도터스fathers and daughters"라고 하는 게 나아 보이네요.[7]

6   고다르는 1980년 잡지『그것/시네마*Ça/Cinéma*』 19호에 실린
     샹탈 아커만과 클로드 밀러, 뤽 베로Luc Béraud와의 대담을
     가리키고 있다. 그는 각자 진행하고 있는 계획을 논하고,
     영화인으로서 질문을 나누기를 원했으나, 〈프랑스 일주 우회
     두 아이〉에서 아이들에게 묻듯 고다르가 계속 질문하는 바람에,
     대담은 곧 독선적인 산파술처럼 변해버렸다. 예를 들어, 그는
     샹탈 아커만에게 글쓰기와 시나리오에 대해 다음과 같이 말한다.
     "당신은 사진을 찍느니 쓰기를 시도합니까? 그런데 결국, 영화란
     사진 찍기로 이루어지는 걸까요? [⋯] 당신은 우리가 보는 것을
     묘사할 수 있다고 여깁니까? [⋯] 당신은 자신이 틀릴 수 있다고
     생각하지 않습니까? 당신은 우리가 서로 다가가고 멀어지지 않을
     수 있다고 생각하십니까? 당신은 쓰기를 배우셨습니까?"
7   전대미문의 관계를 발명하기 위해 낯선 언어를 써야 한다고
     고다르는 생각했을 터다. 뒤라스는 1977년 2월 10일 자『르몽드』에
     「어머니들Mothers」이라는 글을 발표했고,『외부 세계*Le
     Monde extérieur*』(pp. 194~97)에 재수록한 바 있다. 그 후 영화
     〈아이들〉(1985)과 이 영화에서 착안한 책『여름비』(1990)에서,
     뒤라스는 글을 읽을 줄 모르는 주인공 에르네스토의 형제자매들을
     "브러더스와 시스터스brothers et sisters"라고 부른다. 고다르
     평전에서, 리처드 브로디는 1980년 10월 뉴욕 영화제에 〈할 수
     있는 자가 구하라(인생)〉을 소개하러 온 고다르의 말을 인용한다.

뒤라스: 그래… "아버지들과 딸들"은 맘에 안 드네.

고다르: 그러면 다른 걸 찾아야겠네요.

뒤라스: 딸들과 아버지들! (웃음) 이러면 그나마…

고다르: 시작할 때에는 그래도 마감 시한이 있었는데, 마감이라는 생각이 제게 어떤 기억을 일깨웠습니다. 은행이 대출 기한을 잊지 말라고 통지하는 것과 마찬가지로, 『녹색 눈』에 남편이 어린 여자아이와 함께 떠나버린, 어떤 엄마의 인터뷰 글을 재수록하신 것 말이에요.[8] 저는 속으로 말하길,

8 고다르는 "파더스 앤드 도터스"에 관한 차기작에 매진할 것이라고 관객들에게 말한다(*Jean-Luc Godard. Everything Is Cinema*, Faber & Faber, 2008, p. 433). "파더스 앤드 도터스"라는 말을 1987년 작 〈리어 왕〉(영화 전편이 영어로 이루어짐)의 도입부에서도 중얼거린다. 리어 왕과 그의 딸 코델리아의 관계는 근친상간에 관한 고다르의 사유의 여러 현현 중 하나다. 고다르는 리어 왕에게서 따온 '역할'을 처음부터 작가 노먼 메일러Norman Mailer에게, 코델리아의 역할은 그의 딸 중 한 사람인 케이트 메일러Kate Mailer에게 맡기려 했다. 〈리어 왕〉의 도입부 몇 분은 메일러에게 연기를 시키는 일의 불가능함을 설명한다. "세 딸과 리어가 아니었다. 세 아버지와 함께하는 코델리아였다. 스타인 메일러, 아버지 메일러 그리고 감독인 나. 결국 과도한 것이었다." 고다르는, 감독이 요청한 몸짓에 대해 자문하는 메일러의 근친상간적 말실수를 환기한다. "왜 내가 그녀의 손을 잡는 게 아니라, 그녀가 내 손을 잡는가?"

8 뒤라스가 앙드레 베르토의 아내를 인터뷰한 「친절하고 상냥한 오랑주 나딘Tendre et douce Nadine d'Orange」이라는 글을 가리킨다. 베르토는 자신에게 빠진 여자아이를 납치했고, 그들 사이에 성관계는 없었으나 감옥에서 자살했다. 1961년 10월 12일 자 『프랑스-옵세르바퇴르』에 먼저 실린 이 글은, 1980년

어린아이보다는…

뒤라스: 자기 자식이 아니라 남의 집 애와 달아났지.

고다르: 제 자식이 아니라 남의 자식이었죠. 한데, 자신의 딸로 바꾼다거나, 여하튼 사랑 이야기를 해보면 어떨까요. 〈미녀와 야수La Belle et la Bête〉〈보바리 부인Madame Bovary〉[9]처럼, 동시에 〈연인들Les Amants〉이나 〈우리에게 내일은 없다 Bonnie and Clyde〉[10]처럼요.

뒤라스: 모두 다!

고다르: 네, 모두가 되도록요. 아버지와 딸, 또는… 너무 멀리 가지 않게끔, 어떤 순간들을 정하고, 저는 혼잣말을 합

"오랑주의 나딘"이라는 제목으로 원래 기사에 나온 앙드레 베르토와 나딘 플랑타즈네스트Nadine Plantagenest의 사진과 함께 『녹색 눈』(pp. 74~82)에 재수록된다. 1980년 『아웃사이드Outside』 (pp. 106~13)에도 사진 없이 다시 실렸다.

9 〈영화의 역사(들)〉 1B 편에서 고다르는 『보바리 부인』과 포르노그래피의 관계를 다음과 같이 설파한다. "온갖 기술을 발명한 20세기가 난봉도 발명했음을 기억해야 한다. 그리고 보바리 부인은 포르노 테이프가 되기 전에 전신기와 함께 위대해졌다."

10 1964년, 프랑수아 트뤼포의 권고로 고다르는 〈우리에게 내일은 없다〉를 연출할 뻔했다. 이 작품의 시나리오는 특별히 트뤼포를 위해 쓰인 것이었는데, 결국 아서 펜Arthur Penn이 1967년에 연출했다(Godard. Biographie, op. cit., pp. 402~403을 보라). 시나리오를 쓴 로버트 벤튼Robert Benton과 데이비드 뉴먼David Newman은 펜의 영화가 개봉했을 때, 파리에서 만난 고다르가 "이 영화를 지금 만듭시다!"라는 말을 그들에게 했던 순간을 회상한다(Richard Brody, Everything Is Cinema, op. cit., p. 222).

니다. "두 딸을 설정하자." 그리고 가족 속에 다른 누군가가
또 있겠죠. 예를 들어 남동생이라든지. 그리고 딸들 중 하나
와 잘됩니다, 다른 하나보다는.

뒤라스: 자네 말인즉슨, 아이들 중에서도 선택을 한다는
거 아닌가. 여러 딸들 중 **누군가 하나**를.

고다르: 바로 그렇습니다. 한데 곧장 그렇게 되거나 첫
눈에 반하는 건 아니지요. 열정 같은 것은 아니고… 무언가
를 발견하는 것입니다. 현재, 저는 소설가와 영화감독 들, 그
리고 이 두 가지를 겸업하는 사람들 중 아이들이 있는 이들에
게 묻고 싶어요. "이것이 주제로 적합한가? 주제 또는 영역
champ[11]으로 적합한가?"

뒤라스: 내 생각에 이건 사람들이 잘 모르는 주제일세.
하지만 항구적이고 보편적이고 일상적인 주제지. 자네가 며
칠 전에 파리에서 이 주제를 얘기했을 때 그렇게 생각했다네.

고다르: 그런데 누구나 경험으로 알고 있는 주제이기도
하지요.

뒤라스: 그래, 하지만 그 경험이 알려지지 않는다는 점

11   '영역champ'이라는 말은 연구 분야, 혹은 카메라 렌즈의 시선에
      담기는 공간[場場]을 가리키는 영화 용어다. 동시에 '(테마의)
      주제sujet'와 '(개인) 주제sujet'라는 이중적 의미를 담고 있기도
      하다. 고다르는 첫 대화에서 제기한 질문의 실천적 의미를 찾기
      원한다. 여기서 보이는 것은 무엇인가? 그전에 혹은 그와 동시에
      그것은 진술되는가?

에서 여전히 드문 경험이기도 하지. 여자아이들을 남아에 비해, 예컨대 **쓸모없는** 아이라고 여길 거야. 최근까지도 남자아이들만…

고다르: 쓸모없다는 건 어떤 의미에서…

뒤라스: 쓸모없다는 건, 남아들은 성씨를 보존하고 재산을 물려받으니 일종의 영속성이 있다는 것일세. 딸이 떠날 때 아들은 가계를 잇네. 딸은 다른 남자가 데려가지. 말하자면, 가부장에게는 **잉여**라 할까. 어쩌면 딸은 가부장에게 유희적 측면이겠지. 물론 열정적인 유희라 할 수 있겠지. 어린 시절부터 딸은 아들처럼 조종할 수가 없으니까. 이런 출발점이 가능하리라 생각하네. 아마 흥미롭지는 않겠지만, 기억해야 할 일이야. 내 어머니는 나를 "내 가엾은 어린것ma petite misère"이라 불렀고, 자녀들을 소개할 땐 "내 아들들" "내 맏아들" "내 차남" 그리고 내 "가엾은 어린것," 내 딸이라 했지. 그러니 딸은 셈하지 않는 **가외의** 존재인 게야. 못 잊을 일이네.[12]

고다르: 지금도 변한 게 없다고 생각하시나요?

뒤라스: 요즘은 과거보다 더 극단적인 사례들이 있다고 보네. 근친상간 경험을 고백하는 일도 아주 많지.

12   "내 가엾은 어린것"에 관해서는 『전쟁 일지와 그 밖의 기록들les Cahiers de la guerre et autres texts』(P.O.L, 2006, pp. 124~26)을 보라. 여기에서 뒤라스는 어머니에게 시달림을 당했던 것과, 자주 성적인 함의를 띠었던 큰오빠의 구타와 모욕과 같은 어린 시절 폭력의 맥락을 새롭게 구현한다.

고다르: 사적으로, 개인들끼리 고백하면 이웃들은 그걸 모르나요?

뒤라스: 예를 들어 어머니가 받아들이고 형제자매들도 그럴 수 있네. 그러나 구질서가 유구하니 밖에서는 얘기할 수 없는 일이지. 낙태도 그런 예라서, 아주 오래전부터 그런 식으로 행해왔지. 우리 대에 새로운 점은, 그걸 말하게 됐다는 걸세. 그러면 사람들은 우리를 잡년 취급하지만. 낙태한 걸 **인정했다**는 이유로 나는 길에서 모욕을 당하기도 했네.[13] 근친상간은 집 문턱을 넘지 못해. 내가 영화를 볼 때는, 완전히 닫힌 영화를 보는 거야.

고다르: 닫힌?[14]

13   1971년 4월, 뒤라스는 낙태 합법화를 위해 '삼백마흔네 잡년의 선언Manifeste des 343 salopes'이라고도 불리는 '343인 선언Manifeste des 343'에 연명했다.

14   여기에서의 닫힘은 공간에 대한 물음만은 아닐지라도, 연인과 가정의 제한된 공간이라는 개념 속에서 그 토대를 발견한다. 뒤라스는 방, 집, 궁전, 책상 또는 〈트럭〉의 운전칸 같은, 한정되어 있지만 동시에 외부로, "바깥 세계"로 열려 있는 측량된 장소의 항상성으로부터 자신의 영화들을 구조화하곤 한다. 거기에는 뒤라스가 "글쓰기의 방"이라 불렀던, 또는 "환각의 방"(『아가타』에서 근친상간의 장소를 가리키려고 처음 쓴 표현)이라고 구체화한 메타포도 있다. 반대로 고다르의 영화들에는 (〈경멸Le Mépris〉의 카사 말라파르테Casa Malaparte 저택부터 〈미녀갱 카르멘〉 속 연인들의 아파트를 거쳐 〈필름 소셜리즘〉의 대형 여객선까지 계속 나오는 닫힌 공간들이 있다. 그 공간들은 영화 전체와 전혀 섞이지 않으며, 비밀을 간직하지

뒤라스: 자기 자신에게도 닫혀 있지. 가족 내에서 일어나는 건데, 아주 폐쇄적이고, 가족이라는 게토에 완전히 갇혀 있는 거야. 근친상간의 등식을 또 하나 말해주지. 많은 이들이 그랬는데, 오빠들이 있었으니 잘 알지. 엄청 많아. 내가 오빠들에게 욕망을 가졌던 것처럼, 오빠들도 누이인 나에게 엄청난 욕망을 품었었다네. 그 욕망은 살아 있었어. 그것을 끝까지 밀어붙이진 않았지만, 매우 폭력적으로 살아 있었네. 특히 작은오빠와 나 사이엔.[15]

않는다. 1970년대부터 반복해 보인 장소인 편집실조차, 인서트와 이중화로 분절되어 있을 뿐이다. 이 질문에 관한 두 사람의 차이가, 그들의 전도된 엇갈림의 발현 중 하나다. 고다르는 「1987년 대화」에서 이 반대되는 장소[프랑스어 endroit는 장소를 뜻하는 동시에, 두 사람의 대화에서 누차 언급되는 '표면'을 일컫는 단어다. 어떤 '면'에 존재하는 '곳'이 '장소'인 셈이다]에 대한 문제를 언급한다(「1987년 대화」, 164~65, 182쪽을 보라).

15   뒤라스는 '작은오빠'와의 관계를 『연인』(1984)에서 포괄적으로 상기한다. 고다르와 이 대화를 나누고 몇 달 뒤에 집필하고 영화화한 『아가타』의 근친상간 줄거리에 대해 쓴 1981년의 텍스트에서, 뒤라스는 작은오빠와의 관계를 떠올리기도 한다. "내 유년기는 내 형제와 함께 죽었다. […] 어떤 열정도 근친상간을 향한 열정을 대체할 수는 없으며, 이 열정은 다른 이들에겐 다시 솟아나지 않는다. 그는 선천적인 분신이기 때문이며, 바로 사랑과 기억이기 때문이다. 사랑은 유년기의 헤아릴 수 없는 기억으로 이루어진다. 어린 시절엔 누구를 사랑하는지, 누구를 사랑할지 우리는 아직 모른다. 이러한 무지를 발견하는 것이 사랑이다." 다음 문장은 급작스럽게 『아가타』로 건너뛴다. "가끔 나는 아가타(등장인물)가 모든 것을, 형제와의 사랑과 형제 모두를 꾸며냈다고 믿는다. 형제가 행하지 못하고 발견하지 못했을

무슨 이야기를 하려 했더라… 그래. 내가 이 주제를 다루어야 한다면 관능과, 근친상간의 등식이 지닌 관능적인 폭력에 휩쓸려버릴 걸세. 우리가 더 멀리 나아가진 못할 거라 생각하네.[16]

고다르: 저는 바깥에서부터 접근해야겠어요… 저는 아이도 없고, 기억도 없어서…

뒤라스: 그래, 하지만 자네는 누군가의 아들이야.

고다르: 네, 그렇겠죠. 동갑인 누이가 있고요. 욕실에서 목욕하는 누이를 제가 쳐다보거나 욕망했는지는… 되레 제 생각엔, 그것은 가족과 연결된 것이 아니라, 매우 폐쇄적이거나 부르주아적인 가족에서는 접근이 가능하고 눈에 보이는 여자들이었기 때문이 아닌가 합니다… 잘 모르겠네요, 저는

근친상간을 아가타가 발견했다고 나는 생각한다. 어린 소녀 아가타의 헤아릴 수 없는 힘이 여기에 있다"("Retake," *Le Monde extérieur, op. cit.,* pp. 10~11).

16   "근친상간에 욕망의 총체와 사랑의 총체가 존재하"기에, 등식은 중단된다고 몇 달 뒤 〈아가타와 끝없는 독서〉 촬영 현장에서 뒤라스는 말한다(*Le Livre dit, op. cit.,* p. 44를 보라). 또 이 절대성은 재현 불가능한 것을 결정짓기 때문에, "아무것도 근친상간과 근친상간의 성격을 증거할 수 없다, 그 무엇도. 그러므로 이는 재현될 수 없다"(p. 43). 『아가타』의 관능성은 목소리가 환기하는 것들("그녀의 몸이 지닌 외설성은 신의 찬미를 머금고 있다. 바다의 소리가 깊은 파도의 부드러움으로 그 몸을 되덮었다고 할 수 있을 터다"), 나뇐 선들의 느린 산책, 태양이 회귀하는 비전에서 이렇듯 완전히 거리를 둔다.

그런 관계가 아니었다 싶은데…

뒤라스: 하지만 그런 것들이 명백하고 뚜렷했었나?

고다르: 근친상간은 무엇에서 비롯할까요? 왜 벌어질까요? 잘 모르겠어요, 저는 사회학이나 민족학 연구에 문외한이라…

뒤라스: 굳이 알 필요는 없지! 한데, 레비-스트로스는 자네도 알지 않나.

고다르: 모든 사회에 근친상간이 존재할까요? 아, 책을 몇 권 샀지만 아직 읽지는 못했어요.[17] (웃음)

---

17   짐짓 아무것도 모르는 바보인 척 굴기는 고다르가 곧잘 쓰는
      일종의 산파술産婆術이다. 설령 클로드 레비-스트로스를 읽지
      않았다 해도, 1949년 소르본 대학 인류학과에 잠깐 등록했을
      때 이름은 들어보았을 터다. 일 년 전인 1948년에『친족 관계의
      기본구조』가 출간되었고, 이 책 중 한 장은 근친상간에 할애되었기
      때문이다(Claude Lévi-Strauss, "Le problème de l'inceste," *Les
      Structures élémentaires de la parenté*, 1948, rééd. Mouton de Gruyter,
      2002, pp. 14~34). 레비-스트로스는, 에릭 로메르Eric Rohmer의
      뒤를 이어 자크 리베트Jacques Rivette가 고다르의 지지에 힘입어
      편집장이 된 직후에『카이에 뒤 시네마』가 인터뷰한 위대한 지성
      중 한 사람이기도 했다(*Cahiers du cinéma*, n°156, juin 1964를
      보라). 영화가 배워야 할 인내와 방법을 지닌 연구자의 모델로,
      인류학자가 1990년대 인터뷰에 다시 출현한다. "다른 분야에서
      찾아보고 빌려오는 것. 영화의 방식은 그러합니다. 뒤메질George
      Dumézil과 레비-스트로스는 빼어난 시나리오 작가였을 수
      있습니다"(Jean Daniel et Nicole Boulanger, "Week-end avec
      Godard," entretien réalisé pour *Le Nouvel Observateur*, 1989 : *Jean-
      Luc Godard par Jean-Luc Godard*, t. II, *op. cit.*, p. 179에 재수록).

뒤라스: 레비-스트로스에게 근친상간은 금지되었다고 한마디로 간단히 이야기할 수 있는 것이지만, 자네 영화에서 그렇게 할 수는 없다 싶네. 근친상간은 부족의 재산 낭비를 방지하기 위해 금지되었지.

고다르: 제가 알고 싶던 얘기네요. 민족학자들이 하는 설명 말이에요.

뒤라스: 말인즉슨, 딸은 부족 자산처럼 다른 부족 남자에게 팔았단 걸세. 이것이 상업적 교환을 자리 잡게 했지.

고다르: 동물들에겐 근친상간이 없나요?

뒤라스: 확실히 있다네. 왕부터 개들에 이르기까지 모두에게 늘 있었어.

고다르: 개들에겐 일족의 자산이란 게 없잖아요. 왜냐하면 버펄로는…

뒤라스: 아니야, 이건 근친상간 금지를 설명하는 거라네. 다른 부족과 재화 유통을 자유롭게 하려고 부족 안에서의 근친상간을 금지한 거야. 곡식처럼 딸을 팔았다네, 알겠나. 딸은 지참금을 갖고 가고, 이 지참금을 받은 대가로 다른 부족도 재화를 제공하지. 처음에는 물물교환이었어. 하지만 그런 교환〔방식〕중 어떤 것도, 금기가 그토록 강력하고 폭력적으로 작동하며 우리 안에 자리 잡게 된 것처럼, 우리 안에 남아 있지 못하지.

고다르: 그럼 동물의 경우 왜 금지하는 거죠?

뒤라스: 동물들에겐 금기가 없다고 하지 않았나![18]

고다르: 그건 잘 모르겠네요. 아는 게 없어서요.

뒤라스: 동물들은 모두 한다네. 형제자매가 같이 자고, 모녀지간도 그렇게 한단 말일세!

고다르: 그런가요. 그렇다면⋯ 한데 저는 전용관 상영, 등급 등의 딱지를 달고 포르노 영화 허가제가 프랑스에 도입된 이후, 영화들을 보니 입맞춤을 어떻게 찍을지 잘 모르는구나, 전혀 모르는구나, 하는 생각이 들었어요.[19] 정사 장면을

18 이 오해는 징후적이다. 뒤라스와 고다르는 '근친상간'이라는 단어를 다르게 쓰고 있다. 고다르는 근친 성교 금지를 직접적으로 가리키며 이 말을 쓴다. 뒤라스는 금기가 여전히 작동하고 고려되는 관계의 행위를 가리킬 때 주로 쓴다. 『말하는 책』 (pp. 45~46: "나는 금기를 믿는다")에서 뒤라스와 얀 앙드레아가 근친상간에 대해 나눈 대화에서, 더 선명하고 상세하지만 동류의 오해가 다시 발견된다.

19 1970년대 포르노 영화의 발전은 고다르에게 확고한 타산지석이었다. 그리하여 〈할 수 있는 자가 구하라(인생)〉의 유명한 연쇄 성교 장면처럼, 자신의 고유한 성찰과 이미지를 통합한 변증법적 방법을 채용한다. 고다르는 성의 재현이 사랑, 욕망, 미 등 나머지 것들로부터 차례로 분리되어 자신을 포르노그래피에 유기해버렸다고 강조한다. "카트린 드뇌브는 '사랑해요'라고 말할 줄 모르는데, 포르노 영화도 마찬가지다"(*Jean-Luc Godard par Jean-Luc Godard*, t. I, *op. cit.*, p. 605). 근친상간이 "주제이자 영역"인 영화 제작 계획은 이 유기를 직접 대면하는 것일 터였다. 〈할 수 있는 자가 구하라(인생)〉에서, 폴 고다르가 다른 가정의 아버지에게 친딸을 "만지고, 뒤로 하든 어쩌든지" 따위의 욕구를 느낀 적이 전혀 없었는지 묻는 장면처럼 말이다. 〈넘버 2Numéro deux〉(1975)에서는 재현 불가능성이나

찍을 수는 있지만 연인이 아닌 이들이라, 그 순간은 19세기 말 연극을 보는 것과 흡사하죠. 이런 영역에서 다시 출발하고 러브 신을 재발견하자는 생각이었어요.

뒤라스: 가짜로 붙여놓은 거니까…

고다르: 돼먹지 못한 것에 사람들은 또 걸려들겠죠. 만드신 영화 중 제가 본 몇 편 안 되는 작품인 〈인디아 송〉에서 매우 강렬한 장면들을 봤습니다. 하고 싶은 걸 찍으셨기 때문일 거고, 뭔가가 일어났다고도 할 수 있을 겁니다.

뒤라스: 하지만 그들은 키스를 안 한다네. 입맞춤이 금지되기라도 한 듯 말일세.

고다르: 그렇죠. 하지만 어떤 순간에는, 그걸 보고 싶은 욕구가 더 생겼습니다. 어쨌든 있는 거니까요. 금지되어 있음에도, 그것이 집 주변을 둘러싸고 있는 것과 같은 겁니다. 비슷한 얘기죠…

뒤라스: 전적으로 동의하네.[20]

20 봐서는 안 된다는 관념 따위는 아랑곳없이, 합성한 비디오 이미지 속 딸의 시선 속에서 한 남자가 아내와 항문 성교를 한다(〈넘버 2〉에서 남자는 이렇게 말한다. "아이들을 낳았어요. 아무도 묻지 않지만. 아이들과 성교한 적은 결코 없어요. 그건 금지돼 있지요. 동의합니다. 나는 아내와 성교하죠. 사장님, 고맙습니다"). 〈인디아 송〉의 부영사와 안-마리 스트레테르의 관계에서는 행위 없는 사랑이 절대적인 것처럼 구현된다. "당신을 알기 위해 당신께 춤을 청할 필요는 없었어요. 당신은 그걸 알지요." 『말하는 책』에서, 안 앙드레아와의 대화 중 몇몇 구절은 이 절대적인 것을

고다르: 예컨대, 파르주Joël Farges가 연출한 영화는 성공하지 못했죠.[21] 대략 생각하는 건, 훌륭한 러브 신을 찍는 것입니다. 그런데 작금의 영화에서 훌륭한 러브 신이란 어떤 것일까요? 잘 모르겠습니다. 거칠게 생각해볼 뿐이죠. 혹은 다른 때의 회화를 상기하는 정도예요. 루벤스의 그림 같은 것들을요, 루벤스를 특별히 좋아하는 건 아닙니다만… 그런데 전 이렇게 혼잣말을 합니다. 어떤 영화인도 배를 뜯어 먹는 새와 함께 있는 나신 같은 걸 제대로 보여주지 못해요. 전혀 현실감이 없죠. 영화는 이런 것들을 보여주기 위해서 태어났다고도 생각합니다. 어떻게? 그건 모르겠습니다.[22]

표명한다. "사랑은 완벽하게 존재하고 소모되지 않아. (욕망은) 불사의 한복판에서 죽거나 아무것도 아니야"(*Le Livre dit, op. cit.*, pp. 49, 50).

21   오로르 클레망Aurore Clément과 브뤼노 크레메르Bruno Crémer가 출연하고 조엘 파르주가 연출한 영화〈사랑받은 여자Aimée〉(1979)를 가리킨다. 조엘 파르주는 다른 이들과 함께 알바트로스 출판사에서 잡지 『그것/시네마』를 창간했다. 이 잡지는 1975년 〈인디아 송〉을 다룬 주요 특집호를 냈고, 1982년에는 다시 〈할 수 있는 자가 구하라(인생)〉 특집호를 간행한다. 파르주는 고다르의 강연들을 『진정한 영화의 역사 입문』이라는 책으로 묶어내기도 했다(Éditions Albatros, 1980).

22   이때 고다르는 〈열정〉을 준비하는 중이었고, 촬영은 1981년 가을에 진행되었다. 〈열정〉에는 렘브란트의 〈야경〉, 고야의 〈1808년 5월 3일〉, 들라크루아의 〈십자군의 콘스탄티노플 입성〉 등을 화면화한 활인화 장면이 등장한다. 루벤스의 그림 중에서는 〈저주받은 이들의 몰락〉 장면을 프랜시스 포드 코폴라가 현장을 참관한 날인 1981년 3월 미국에서 촬영했으나, 완성된 영화에는

뒤라스: 렘브란트 얘길 했던가?

고다르: 루벤스요.

뒤라스: 그래, 루벤스 얘기였군. 예를 들어, 정원에 있거

나오지 않는다(*Everything Is Cinema, op. cit.*, p. 436 참조).
앵그르의 〈프티트 오달리스크La Petite Odalisque〉를 포함한 여러
누드들은 젊은 엑스트라 미리암 루셀Myriem Roussel을 출연시켜
연출했다. 이후 루셀은 〈미녀갱 카르멘〉에 출연하고, 그다음
작품인 〈마리아에게 경배를〉에서는 동정녀를 체현한다. 고다르는
1984년까지 사전 작업을 계속한 "아버지와 딸Père et fille" 혹은
"내 인생의 남자L'Homme de ma vie"라는 제목의 영화에도 루셀을
출연시키려 했다. "미리암 루셀이 주연하는 〈아버지와 딸〉이라는
작품에선, 영화 만들기와 프로이트의 초기 정신분석 중 도라의
경우를 섞으려는 생각이었습니다. 시나리오 초고는 도라의
사례와 더 유사했고, 한참 동안이나 주인공은 의사였습니다.
그러다 아버지와 딸 이야기가 되었죠. 자식을 두지 않은 저는,
늘 근친상간, 아버지와 딸의 근친상간을 다루는 영화를 만들고
싶었습니다. 한번은 이에 대해 마르그리트 뒤라스와 얘길 한 적도
있었죠. 결국 이 계획을 거두어들여 낡은 건초창고에 가능한
만큼 보존해 두고 있습니다만"(Dominique Païni et Guy Scarpetta,
"Jean-Luc Godard et la curiosité du sujet," p. 62에서 인용). "낡은
건초창고" 덕에, 고다르는 〈마리아에게 경배를〉에 영감을 준
마리아와 요셉의 성서 속 이야기를 환기한다. "우연히 프랑수아즈
돌토Françoise Dolto의 책 『정신분석과 기독교 신앙L'Évangile au
risque de la psychanalyse』을 읽었는데, 서문에서—그 뒤는 사실
읽지 않았지만—돌토는 마리아와 요셉을 아무도 말하지 않았던
방식으로 언급한다. 나는 이것을 매우 영화적이라 보았다. 어느
부부 이야기. 나는 매우 전통적인 사람이다. 늘 사랑 이야기, 배필
이야기를 한다. 그리하여 여기서는 신과 그 딸 이야기를 하게
되었다"(Entretien pour *Révolution*, 1 février 1985, Richard Brody,
Everything Is Cinema, p. 457에서 인용).

나 옆방에 있는 친딸을 방 안에서 혼자 지켜보는 남자는 딸에게 다가가려는 경우보다 멀리 가는 것이라고 보네. 시작은 온전히 자네에게 달렸다고 생각해. 촬영할 때 자네가 있는 곳에. 처음 내린 결정을 나는 늘 믿네.

고다르: 저는 딸도 없고 아들도 두지 않았으니, 제가 그걸 할 수 있으리라 생각합니다. 때로는, 다가가려는 욕구도 가져야겠죠. 영화는 저 혼자는 갈 수 없는 장소로 데려가는 이동 수단이라고 여겨져요. 그게 흥미롭습니다. 저 자신의 연장, 혹은 저 자신을 연장하는 방식이 이런 것이라고 느끼지요.

뒤라스: 불가능한 삶을 경험한다는 건가?

고다르: 되레 가능함을 표현하는 것이죠!

뒤라스: 가능한 삶의 경험을, 전혀 살아보지 않은 채 표현한다…

고다르: 가능한 삶을, 경험하지 않고 표현할 수밖에 없는 건, 그걸 살아내면 사람은 이미 달라져버리기 때문입니다. 불가능을 창조할 수밖에 없어요.

뒤라스: 맞아. 맞네, 바로 그거야. 그렇다네. 근친상간이, 근친상간의 끝이 그렇다고 생각해. 루소의 책 속 생 프뢰의 글귀를 자네가 기억하는지 모르겠네.

고다르: 『고백록』이던가요? 『신엘로이즈』였나요?[23]

뒤라스: 그는 "행복은 행복 이전에 있다"고 했지.

고다르: 행복 이전에…

뒤라스: 행복 이전에, 그래. 말하자면 관능은 오르가슴이 해소하는 것 **이전**에 있지.[24] 자네가 물으니 말인데, 자네가 만들려는 영화를 내가 만들게 된다면 난 이처럼 모든 걸 하겠네. 모든 걸 시도하는 게 가능해야 하고, 모든 것은 **번역되어야** 하네. 그러나 언제나 존재의 가장자리에 있어야 하지. 결코 돌아갈 수 없는. 〈분노의 강 **Wild River**〉은 젊은 남녀 사이에 입맞춤조차 등장하지 않는데, 난 그런 게 위대한 사랑 이야기라고 생각하네. 〈분노의 강〉은 노파에 대한 게 아니야. 난 그 노파에겐… 흥미가 없네. 아무 일도 없어, 남녀가 방 안에 늘 간혀 있는데도 아무 일도 일어나지 않아. 그리고 방 안에 간혀 있는 대신, 저주받은 것처럼 그들은 완벽하게 비밀스러운 특권적 관계에 빠져들게 되지. 그건 바닥도 끝도 없는, 정말이지 엄청난 거야.[25]

23   『신엘로이즈』에 있는 글귀다.

24   『말하는 책』에서 『신엘로이즈』를 비슷하게 인용하는 구절이 더
        정확하다. "어쨌든 욕망의 소비는 일종의 지체입니다… 욕망
        자체에 대해서도. 〔…〕 그 무엇도, 루소가 말했듯, 세상의 그
        무엇도… 생 프뢰 선생이 한 말인 듯한데 〔…〕 행복, 그것은 행복을
        기다리는 것이며, 행복을 앞서는 것입니다. 그렇지 않나요?"
        (*Le Livre dit, op. cit.*, pp. 48~49).

25   뒤라스는 1980년 12월 『카이에 뒤 시네마』 318호에 실린 엘리아
        카잔 감독과의 대담에서 카잔이 연출한 〈분노의 강〉(1960)을 더
        길게 언급한다. 〈인디아 송〉에 입맞춤이 없는 점을, 뒤라스는 이
        영화와의 직접적인 연계로 설정한다. 그리고 뒤라스는 1980년 6월

고다르: 그러나 피해야 할 것도 있습니다. 글쎄요, 잘 모르겠지만… 포크너 소설들의 불운은 요즘 과장되는 감이 있어요.[26]

뒤라스: 그래, 하지만 그게 영화 속에 꼭 존재해야 할 필요는 없지. 영화 속에서, 우리 안의 불운을 알아보는 건 우리 자신이지만, 신비가 드러나지 않듯 불운은 드러나지 않는 것 같네. 어쨌든 딸들 중에서 선택을 하겠다는 자네 구상은 훌륭하군. 자식이 여럿 있고, 그 단계에서 선택을 해야 한다는 것이.

고다르: 〈할 수 있는 자가 구하라(인생)〉에서 이자벨의

판『녹색 눈』에 1979년 고다르와 나눈 다음 대화를 넣지 않았다가, 1987년 판에는 포함시킨다. "내게 있어 카잔은, 어쩌면 본성상 말할 수도 없고 접근할 수도 없는 욕망을 재현하려는 의도로 사물을 가장 특별하게 만드는 유일한 영화창작자라네"(Marguerite Duras, *La Passion suspendue, op. cit.*, p. 180〔한국어판은『뒤라스의 말』, 149쪽. 번역은 옮긴이의 것임〕).

26 1960년대부터 고다르는, 〈네 멋대로 해라〉의 대사에서도 인용한『야생 종려나무*The Wild Palms*』를 비롯해 윌리엄 포크너 작품의 영화화 계획을 여러 번 밝힌 바 있다. 여기서 근친상간을 논하며, 고다르는『압살롬, 압살롬!*Absalom, Absalom!*』을 당연히 떠올렸을 터다(「1987년 대화」, 118쪽을 보라). 1987년에 뒤라스를 인터뷰하면서도, 고다르는 자신의 영화에 출연시키고 싶었던 첫 작가가 포크너였다고 밝힌다. 고다르가 진 켈리와 미국에서 촬영하려던 1961년 프로젝트는 실행되지 못했는데, 1962년 7월 포크너가 죽은 것도 이 프로젝트를 포기한 이유 중 하나였다(*Godard. Biographie, op. cit.*, p. 186을 보라).

여동생 역을 연기했던 배우가 [딸 배역을] 할 겁니다.

뒤라스: 자기 가슴을 드러내 보이던 배우인가.

고다르: 맞아요, 그렇습니다.

뒤라스: 몸을 팔고 싶어 하던 인물 말이지.

고다르: 배의 돛을 살 돈을 벌기 위해 그럴 수도 있지 않냐고 묻는 이입니다. 제작사에 편지를 보낸 다른 배우도 있어요.[27] 때로 사람들은 제대로 된 이유에서든 아니든 어떤 이유로 제게 다가오는데요, 그들을 보면서였어요. 한 사람은 스무 살이고 다른 이는 스물셋인데, 전 이렇게 생각했어요. 롤리타와 비슷한 나이인 열세 살이나 열네 살인 소녀로 하면 더 낫지 않을까. 결국 요즘 사람들은 그럴 엄두를 내지 못하지만요. 카발리에Alain Cavalier도 아버지와 딸이 나오는 영화를 찍죠. 두아용Jacques Doillon도 아버지와 딸이 나오는 뭔가를 만들고요…[28]

27   〈할 수 있는 자가 구하라(인생)〉에서 이자벨 위페르의 동생 역을
      연기한 배우는 안나 발다시니Anna Baldaccini로, 조각가 세자르의
      딸이다. 그전에는 발레리안 보로프치크Walerian Borowczyk의
      〈야수La Bête〉(1975)에 출연했으며, 레오 카락스의 〈소년 소녀를
      만나다Boy Meets Girl〉(1984)에도 단역으로 나온다.
28   〈낯선 여행Un étrange voyage〉(알랭 카발리에, 1981)은 한
      소녀(시나리오도 함께 쓴 카발리에의 딸이 연기하는)가 아버지(장
      로슈포르 분)와 함께 긴 철길을 따라 어머니의 시신을 찾아다니는
      여정 이야기다. 〈방탕한 딸La Fille prodigue〉(자크 두아용, 1981)은
      근친상간을 전면적으로 언급하는데, 아버지와 재회하기 위해
      자기 남편을 떠나는 딸을 따라간다[프랑스 감독 중 1930년생인

뒤라스: 그래, 최근에 촬영을 했다지. 나도 들었네. 내 영화의 촬영감독이 그 영화도 찍었거든.

고다르: 저는 맘이 바뀌어, 새로운 영화를 만들고 싶은 욕구가 생겼어요. 다른 이들보다 더 멀리 가고 더 강한 것을 만들겠다는 욕구일 수도 있지만, 다른 이들이 너무 멀리 가고 너무 강한 걸 한다면, 저는 멀리 가지 않고 덜 강한 것을 하고 싶기도 해요. 거기에는 도전적인 측면이 있겠죠. 다른 이들이 하는 대로 하지 않으면 잘되더라고요.

뒤라스: 엄격하게 픽션으로 작업하겠다는 뜻인가? 말 그대로 소설로?

고다르: 픽션을 다시 경유하는 것이죠. 저는 딸이 없으니 픽션으로 할 수 있습니다. 그래서 어쩌면 제가 도달한 적이 없는 (때때로 제가 당신과 이야기하고자 했던 의미에서의) 소설에 마침내 가닿아, 첫 소설을 갈리마르 출판사에서 출간할 수도 있겠죠! 난생처음으로요.[29] (웃음)

---

29   고다르와 비슷한 연배인 자크 드미Jacques Demy(1931년생)도 딸과 아버지의 근친상간이 소재인 영화들을 만들었다. 〈당나귀 공주Peau d'Âne〉(1970)는 친딸인 자신과 결혼하려는 부왕을 피해 도주한 공주가 주인공이고, 〈추억의 마르세유Trois places pour le 26〉(1988)에서 마리옹(마틸다 메이Mathilda May 분)은 친아버지인 줄 모른 채 이브(이브 몽탕 분)를 만나 사랑에 빠진다). 〈영화의 역사(들)〉이 1998년에 갈리마르에서 책으로 나온다. 한편, 고다르는 자신의 영화들에서 발췌한 문장으로 구성한 책들을 1996년부터 P.O.L 출판사에서 출간했다. 고다르의 말에

저는 늘 짧은 것들을 만들었는데, 긴 탄식이나 짧은 울음처럼, 하지만 그건 더… 속도를 다투는 경주나 깊이를 겨루는 경쟁 같은 것이었죠. 결국 그건 제가 자신에게서 길어 올리는 차이인 듯합니다. 한데, 어머니는 그 안에서 어떤 역할을 해야 할까요?

뒤라스: 누군가가 자네에게 아마도 순전히 움직임과 방향, 사물에 대해 지시해줄 수 있을 걸세. "그들은 그 장소로 바캉스를 간다" "그 장소는 이렇다" "그들은 그날 산책을 한다" "아이들 이름은 이렇고, 그들은 이것을 한다" 따위의 것들.

고다르: 그렇죠, 구상들을… 그리고 나중에 다른 것들을 발견할 수도 있겠죠.

뒤라스: 그리고 자네는 그 안에서 오가고. 그러면 과히 나쁘지 않을 걸세.

고다르: 그런데 나딘[플랑타즈네스트]과 그… 이야기는 말하는 그대로가 좋았습니다. 어머니의 인터뷰여서요.

뒤라스: 일곱 살짜리 아이를 사랑한 이삿짐 운송업자의 아내 인터뷰지.

따르면 "문학도 영화도 아닌" 책들, "어떤 영화의 흔적인, 뒤라스의 어떤 텍스트들에 가까운" 책들이다("Les livres et moi," *op. cit*., p. 436). 갈리마르에서 1944년부터 1972년까지 책을 냈던 뒤라스는, 1984년부터 1989년까지 P.O.L에서 "아웃사이드" 총서 간행을 지휘한다.

고다르: 그런데 [남편에 대한] 존중이 가득하더군요…

뒤라스: 절대적이지.

고다르: 그래도 고통이 컸을 텐데, 정말 고통스러웠을 텐데요.

뒤라스: 남편 욕은 한마디도 안 했어. 심지어 이런 말도 했지. "그걸 넘어서는 거였어요. 사랑을 넘어서는, 이름 없는 무언가 때문이었죠." 그 문장을 자네에게 읽어줄 수 있네.

고다르: 제가 보기에 그 두 사람은 공통점이 있었습니다. 사진이라 그런지 모르겠지만, 그들의 시선이 동류인 걸 발견했어요. 눈 생김새가 같은 건 아닌데, 무언가를 보는 방식이 비슷하더군요.

뒤라스: 일종의 확고부동함이지.

고다르: 네, 일종의 확고부동함. 한데 이 이야기의 끝을 영화 속에 넣을 수 있을까를 저는 잠깐, 아주 잠깐 생각했죠.

뒤라스: 자살했지. 야영용 칼로. 자네, 내가 쓴 서문을 읽었나?

고다르: 저는 이런 생각을 했어요. 제가 하고 싶은 건, 재판을 온전히 담는 거예요. 영화 후반 삼십 분 동안 오로지 재판만을, 재판의 순간을 담는 거죠. 여자는 아무튼 그렇게 하고, 그리고 배심원단이 있는 재판을 담는 것이지요. "—피고는 여자아이를 만졌습니까? —네, 만졌습니다. —했습니까? —네, 했습니다." 사실 어떻게 담을지는 잘 모르겠지

92

만… **묘사**하는 겁니다. 금기를 보여주지 않고도 묘사할 수 있을 겁니다.

뒤라스: 다른 것과 평행하는 영화가 될 수 있겠군.[30]

고다르: 갑자기 다른 게 나오는 거죠. 인터뷰하고 질문하는 기자가 나온다든지. 당사자들을 더 이상 보여주지 않고요. 아직은 잘 모르겠습니다. 더 기다려봐야 될 것 같아요.

뒤라스: 재판을 통해 자네가 원하는 바는… 그가 죽어서 재판을 못 열었으니 말일세.

고다르: 그랬죠. 하지만, 여기서 우리는 체포와 수사를 상상할 수 있을 테죠.

뒤라스: 그리고 비극도.

고다르: [픽션으로 설정하려 하는] 언니 얘기는 하지 않고 있는데요. 어느 순간 이런 얘길 듣게 되는 거예요. "단순히 도왔다는 이유로 감옥에 가야 하는 그 자매를 생각해봅시다." 언니는 선량해 보이고요… 둘 중 한 아이는 욕망[의 대상]이 되지 않았던 걸로 설정하겠다는 생각이 그래서 들었

---

30 『말하는 책』에서, 뒤라스는 같은 세트와 배우로 (실제로 찍은) ⟨아가타와 끝없는 독서⟩와 (『80년 여름』의 계보에서 이탈하는 서사로, 어느 교사와 소년 이야기에서 비롯한) ⟨젊은 여자와 아이La Jeune Fille et l'enfant⟩ 두 편을 쉼 없이 연달아 찍고 싶었다고 설명한다. 뒤라스는 이 작업을 "평행 텍스트texte parallèle"라고 불렀다(*Le Livre dit, op. cit.*, p. 65). "나는 두 텍스트로 하나의 이미지를 만드는 것이 가능하다고 생각했다"(p. 39).

죠. 아버지는 아마도 신체적 끌림 같은 것 때문에 그녀에게 먼저 관심을 갖게 되겠지만, 더 나이 먹은 딸아이에게도 숙고할 여지가 있는 거죠. "아빠이기 때문에, 이 남자와의 관계가 더 쉬웠어요. 제겐 많은 것들이 그와 함께하면 더 쉬웠거든요. 다른 사람들과는…" 평범한 남자친구나 애인이 있었겠지만, 잘되진 않죠. 그래서 실망한 탓에 아마도 그녀는… 그리고 다시 떠났다가 되돌아오는… 하지만 처음엔 열정이 없는 애정 관계라는 게 쉽진 않겠죠. 관계는 늘 열정으로 묘사되다 보니, 어떻게 어떤 기적이 일어나 [그런 관계가] 가능해지는지를 모르는 거죠. 이유가 없는 일이니까요.

뒤라스: 그래, 열정을… 진정한 열정을 점차 발견할 수도 있겠지.

고다르: 점차로 발견될 것이고, 설명하는 장면도 있을 겁니다.

뒤라스: 그래…

고다르: 한데 영화를 만드실 때, 결말까지 미리 구상하십니까? 촬영이라는 과정 이전에요.

뒤라스: 보통은 절로 정해지지. 결말은 미리 고심할 필요가 전혀 없는 것이라 생각하네.

고다르: 그럼 결말을 전혀 고심하지 않으시나요?

뒤라스: 고심하진 않아. 이 구절을 찾고 있었네. "그는 우리 세 사람 모두를 자기 방식으로 무지막지하게 사랑했다.

자기 자식을 건드리는 사람이 있었으면 죽였을 것이다. 그는 어떤 아이에게도, 친자식에게도 결코 나딘에게 가졌던 관심과 유사한 것을 가지진 않았다고 말해야겠다. 나딘과의 일은 갑작스러운 것이었다. 그는 나딘을 보자마자 관심을 기울였다. 당신들은 그가 아픈 사람이고, 매우 폭력적이고, 죽기 아니면 살기뿐인 단순한 사람이라 말할 수밖에 없으리라. 나딘과 그의 이야기는 열두 살 아이가 다른 열두 살 아이에게 반한 이야기이다. 나는 이와 같은 이야기를 절대 상상할 수 없다. 우리가 노트르-담-데-몽을 떠날 때는 끔찍했다. 그 아이는 그와 머물고 싶어 했고, 그는 그 아이와 있고 싶어 했다. 둘 다 울었다. 그들은 절망했다."[31]

고다르: 그러니까 갑작스레 폭발하는 듯한 일이었는데, 한편 영화란 한 시간 반 동안 그 갑작스러움 속에 들어가 그 상태로 지속해야 하는 것이지요.

뒤라스: 그렇다면 결말에선 그 갑작스러운 스텝에 맞춰 나아가보게나.

고다르: 그 스텝에 맞춰 나아가기, 기술적으로도요. 저는 정말 그렇게 하고 싶습니다! 슬로모션이나 가속효과를 써서…

(녹음 중지)

---

31 〔옮긴이〕 73~74쪽 각주 8에서 소개한 「친절하고 상냥한 오랑주의 나딘」에서 앙드레 베르토의 부인의 인터뷰 중 일부다.

뒤라스: 바로 내가 앙드레 베르토의 부인에게 질문한 대목이라네.

고다르: 그런데 당시에 직접 취재를 하신 겁니까, 아니면 사회 면에서 보신 겁니까?

뒤라스: 그 전날 TV 보도를 봤고, 그다음 날 아침에 부인을 만나러 가서 질문을 했네. 난 경찰들이 한 짓에 질리고 경악했지. 그래, 난 이 사랑의 본질을 부인에게 묻고 얘길 해달라고 청했네. 또 앙드레 베르토가 그 아이에게 뭔가를 저질렀으리라 부인이 의심하진 않는지 물었어. 그러자 부인이 내게 말했지. "전혀, 전혀요. 사람들은 악의를 품고 이해하지를 못해요. 아동강간이라고, 익히 알려져 있듯, 그들은 아동강간이라고 말하죠. 보세요. 저는 이런 일을 본 적이 없고, 상상해보지도 못했어요. 이건 전적으로 다른 거라는 걸 전 알았어요. 말로 하는 게 불가능해요. 말로는 할 수 없어요. 사랑, 맞아요. 하지만 단순히 여자를 향한 남자의 사랑, 아이에 대한 아버지의 사랑이 아니라, 무언가 다른 거예요. 뭐라 말할지를 모르겠네요."

마지막으로 강간에 대한 것. 난 여성들이 당하는 강간에 대해 말하듯 바로 그렇게 서문에 썼네. 읽어줌세. "이 남자와 아이의 사랑은 처벌받지 않은 채로 남을 것이다. 죽음이 이에 종언을 고했다. 앙드레 베르토와 소녀는 서로 사랑했다. 의학 검사 결과는 명백했다. 어린 나딘은 강간당하지 않았다. 강간은 일어날 수 있었지만, 일어나지 않았다. 이 행해지지 않은 강간이 앙드레 베르토의 마지막 행동으로 전치되었을 수 있다. 그건 확실히 가능한 일이다. 욕망의 결과가 없는 이토록 폭력적인 사랑을 나는 본 적이 없다. 그러나 내가 보기에, 같은 이유로 강간은 범해지지 않았다. 말하자면 아이의 사랑이란 힘 때문에."

(중단. 도로의 소음)

고다르: 네, 이런 구상도 해봤어요. 아이가 시각장애인이라는. 그런데 엄두가 안 나서…

뒤라스: 딸의 눈이 안 보일 수 있다고?

고다르: 아버지와 딸 이야기는 좀 된 구상인데, 그래서 시효가 다 된 게 아닌가 싶기도 하고요. 시효로 다시 되돌아오기 위해, 지금 돌아왔습니다만, 좀 묵은 얘기예요. 미국에서 드니로와 다이앤 키튼이 출연하는 영화를 만들려고 시도했을 때 이 구상을 넣었죠.[32] 이걸 상상했을 때는 완전히 추상적인 감이 있었던 걸로 기억해요. (안-마리) 미에빌이 내게 말했죠. "대체 어디서 이 얘길 꺼내온 거야?" 외젠 쉬Eugène Sue[33]의 작품과 비슷하다고나 할지요. 또는 〔『레 미제라블』

32   〈스토리〉 제작 기획(54쪽 각주 35를 보라)에는 다이앤 키튼이
      맡으려던 인물이 딸을 하나 둔 것으로 되어 있다. "선천적
      시각장애인인 베티는 다이애나와 샌디에이고에 산다"(Jean-Luc
      Godard par Jean-Luc Godard, t. I, op. cit., p. 427을 보라).
33   〔옮긴이〕 빅토르 위고의 『레 미제라블』 등에 영향을 준 19세기

의] '코제트' 같은…

뒤라스: 완전히 판타지구먼…

고다르: 네, 그래요, 확실히요. 한데 제가 아이를 시각장애인이라 상상했을 때는 이런 생각을 했죠. "눈이 보이지 않으면 그럴 수도." 히치콕을 연상한 부분도 있었고요. 그리고 히치콕의 〈39계단The 39 Steps〉에 제가 굉장히 좋아하는 쇼트가 있어요. 매들린 캐럴Madeleine Carroll과 로버트 도냇Robert Donat이 함께 수갑을 차고 있는데, 매들린이 스타킹을 벗죠. 그러자 로버트도 어쩔 수 없이, 매들린이 스타킹을 벗으니까, 손이 따라가게 되죠. 함께 수갑을 차고 있으니까요. (웃음) 이런 생각을 하는 건 히치콕밖에 없을 겁니다! 이런 걸 넣자면, 이른바 탐정 영화여야겠죠.[34]

뒤라스: 아버지가 그런 일을 한다고 상상했을 때, 나는 지적 장애가 있는 아이를 상상했네. 말을 못 하는. 무슨 일이 일어났는지 말할 수 없는 아이를.

고다르: 아, 그렇군요…

프랑스 대중소설가.

[34] 고다르는 〈39계단〉의 이 쇼트에서 받은 영감을, 1983년에 〈미녀갱 카르멘〉에서 활용한다. 청원경찰 조제프(자크 보나페Jacques Bonnafé 분)는 범행 중이던 은행 강도 카르멘(마뤼슈카 데트메르Marushka Detmers 분)에게 반한다. 카르멘이 처벌받지 않게 하려고, 그는 그녀와 같은 수갑을 찬다. 그들은 늘 수갑으로 서로 연결되어 있기에, 화장실에 간 카르멘은 그를 곁에 둔 채 속옷을 내린다.

뒤라스: 내가 열여섯, 열일곱 살 때쯤이고 내 오빠가 스무 살, 스물한 살이었던 걸로 기억하는데, 오빠는 내게 여자들과 벌인 내밀한 일들을 자세히 얘기했지. 자위행위에 대해서도. 그래서 나는 그게 매우 흔한 일인 줄만 알았네.

고다르: 아, 저는 전혀 그런 일이 없었어요. 들어본 적도 없고요! 하지만 결국 알게 되었죠, 저는… 결국 모든 이에게 가정생활은 아주 강렬한 경험일 수밖에 없죠. 그런데 제 경우는 잘 모르겠네요, 그게… 그래서 아마 제가 지금 픽션으로 그걸 발명하고 싶은 욕구를 갖게 되었나 봅니다.

뒤라스: 자네도 누이들이 있지 않은가?

고다르: 네, 하지만 저는 전혀…

뒤라스: 동생인가?

고다르: 아니요, 동갑이에요. 매우 드문 경우인데, 같은 해에 태어났지요.

뒤라스: 그렇다면 자네도 겪었을 수 있어. 그러니 그런 구상을 하는 게지.

고다르: 확실히 그렇겠지요.

뒤라스: 사람들은 다 잊으니까.

고다르: 한데 구상이 더는 불가능하게 되었죠. 결국, 그런데 카발리에는… 자기 딸을 캐스팅했는데, 아마 재정적 이유 때문이겠지만, 로슈포르에게 아버지 역을 맡겼죠. 저는 그래서 망했다고 생각해요…

뒤라스: 그 영화 제목이 뭔가? 최근작인가?

고다르: …게다가 고몽이 배급을 맡기로 결정되었어요.

(웃음)

고다르: 고몽이 배급을 하니 〔카발리에〕 본인이 연기를 하겠다고 감히 나설 수 없고, 안타깝지요. 영화 형식이 완전히 달라지게 되는 것이니.

뒤라스: 배급사와 배우의 선택, 그러니까 그 배우를 선택한 건, 뭔가 상투적이야. 아이는 배우가 아닌데 말이지.

고다르: 어쨌든 여러 이유로 그런 선택을 하게 되는 거지요.

뒤라스: 그렇지, 한데 알겠나. 어쨌든 사람들은 모두 잊는다네. 다른 이들과의 일은 모두 자세한 내막을 잊어버리지. 그런데 이 관계들, 처음이었던 것들은, 내가 자네에게 방금 얘기한 내 오빠와의 이야기처럼, 말로만 이루어져도 전혀 손상되지 않고 믿기지 않을 만큼 그대로 남지. 카발리에의 영화 제목이 뭔가?

고다르: 〈여행자들Les Voyageurs〉입니다.[35]

뒤라스: 그래도 볼 만한 구석이 있던가?

고다르: 이른바 상업 영화라고는 해도, 대여섯 가지 좋은 주제가 떠돌고 있을 수 있다고 생각합니다.

---

35   영화 〈낯선 여행Un étrange voyage〉(알랭 카발리에 연출, 1981)을
      일컫는다. 89쪽 각주 28을 보라.

뒤라스: 그래서, 자네 그 영화를 봤나?

고다르: 아니요, 못 봤어요. 아직 제작 중인 걸로 압니다. 저는 이렇게 생각했죠. '이것 봐라, 이게 보통인가 보다… 사오십 세 된 프랑스 영화감독이, 전통적인 영화에서 이런 걸 찍고 싶단 욕망을 가지는 것이.' 그리고 동시에, 낯선 것과 금지된 것에 더 끌리듯, 보지 못하던 금지된 것을 보게 해주니, 사람들은 그런 영화를 보러 가는 거고요.

뒤라스: 북쪽 나라들에서 그런 종류의 관계들이 더 흔하다는 걸 자네 아나?

고다르: 훨씬 더 많지요.

뒤라스: 그걸 알고 있었나?

고다르: 네.

뒤라스: 사실 그런 관계들은 거의 어디나, 모든 가족 내에 있지.

고다르: 네, 한데 그런 관점으로 영화를 보듯 해당 관계를 볼 수도 있지요. 스웨덴 사람들은 다 벗고 수영하는 걸 더 쉽게 여기는데요. 나체주의자든 아니든 상관없이요. 그러나 그것이 관계가 된다면…

뒤라스: 그래. 그러니 주의하게, 장-뤽. 노르웨이에서는 자네 영화를 만들 수 없을 걸세. 금기라는 전제가 영화를 지탱하는 거니까. 내가 오해하고 있는 게 아니라면… 자네가 만들고 싶어 하는 영화에 대해 내가 잘못 생각하고 있는 게 아

니라면 말일세. 그것이 완전히 일상이 된 사회에서는…

고다르: 그러나 거기엔 금기가 존재합니다. 관습상의 금기를 넘어서는 금기가요.

뒤라스: 그래, 한데 감정의 원천, 관능의 원천은 법의 위반에 있지 않네. 그런 법은 존재하지 않으니까. 여기, 우리 나라에선 정확히 이 법의 위반에서 **온갖 것이** 솟구쳐 나오지. 그래도 내 생각엔, 그걸 정확히 해야 할 걸세. 어떤 금기인지도! 그건 불가항력의 금기지. 그리고 반대는… 그래, 반대도 존재하지. 전도된 상황 말일세. 어머니들과 아들들.

고다르: 그건 완전히 다른 것일 듯해요.

뒤라스: 어머니에게 아들은 온전한 욕망일세. 반대되는 성이니까, 이해하겠나? 가짜 짝이지만 더 많이 보이고, 들리고, 느껴지지.

고다르: 네, 이만하면 충분히 얘기를 나눈 것 같습니다.

1987년 대화

1980년대에 뒤라스와 고다르는 신문과 텔레비전에 활발히 모습을 보였다. 앙투안 드 베크는 이 시기 십 년 동안 고다르가 텔레비전에 출연한 횟수가 60여 건이라고 조사했는데, 고다르가 〈리어 왕〉과 〈오른쪽에 주의하라Soigne ta droite〉를 공개한 1987년에 특히 출연이 집중되어 있었다.[1] 뒤라스는 1984년에 『연인』으로 성공을 거둔 뒤, 이듬해 『리베라시옹』에 그레고리 빌맹Grégory Villemin 살인 사건[2]을 다룬 글을 기고해 논란을 낳고, 1986년 프랑수아 미테랑과의 인터뷰를 『로트르 주르날L'Autre Journal』에 연재하면서 1960년대에 버금가는 대중적 영향력을 미치며 문단을 대표했다. 〈오른쪽에 주의하라〉 개봉과 뒤라스의 근작 소설 『에밀리 엘Emily L.』 출간을 즈음하여, 작가 콜레트 펠루스Colette Fellous[3]가 이러한 언론 상황에 기반하여 텔레비전 프로그램 〈오세아니크〉 대담을 기획한다. 고다르가 1987년 작 두 작품에서 연기했듯, 신탁을 전하는 사제 혹은 위대한 바보로 모

1   *Godard. Biographie, op. cit.*, pp. 647~49 참조.

2   [옮긴이] 1984년에 죽은 채 발견된 4세 아동 그레고리 빌맹 살인 사건 수사가 진척이 없자, 『리베라시옹』은 1985년에 이 사건에 대한 글을 써달라고 뒤라스에게 청탁한다. 뒤라스는 용의자 중 한 사람이었던 그레고리의 모친 크리스틴 빌맹에게 인터뷰를 요청하나 거절당하고, 크리스틴에게 혐의를 두는 글을 발표한다. 뒤라스의 글은 파문을 일으켰고, 이 사건은 영구 미제로 남았다.

3   [옮긴이] 콜레트 펠루스는 뒤라스의 〈밤 항해〉〈세자레〉〈바위에 새겨진 손〉〈오렐리아 스타이너〉 대본집을 펴낸 메르퀴르 드 프랑스 출판사를 설립했고, 방송계에서도 일했다. 2005년 마르그리트 뒤라스 상을 받았다.

습을 드러내기 좋아하는 두 거장 예술가, 악당 작가가 대화의 예술 속에서 만났다. 콜레트 펠루스는 "〈오세아니크〉 프로그램 녹화 중에, 그들이 미소 또는 침묵 속에서 '말하지 않음'으로 서로 연결되거나, 수줍음 혹은 오만함, 망설임 혹은 열광을 가로질러 그 뒷면에서 대화하는 걸 보았다. 그들은 더 이상 '일자l'un'와 '타자l'autre'가 아니라, 사라지다시피 했으며, '그들의 만남'만 남았다"고 회상했다.[4]

1987년 12월 2일 파리 생-브누아가의 마르그리트 뒤라스 자택에서 녹화한 이 프로그램은 같은 해 12월 28일 FR3 채널에서 방송되었다. 두 시간 십 분 걸린 대담을 〈오세아니크〉는 약 한 시간 분량으로 편집했다. 이 대담의 일부는 1990년 『르마가진 리테레르Le Magazine littéraire』에 실렸고, 『장-뤽 고다르에 의한 장-뤽 고다르Jean-Luc Godard par Jean-Luc Godard』 2권에 재수록되었다.[5] 여기에서 소개하는 텍스트는, 현대출판기록물연구소Institut Mémoires de l'édition contemporaine(Imec)의 마르그리트 뒤라스 재단에 보존된 대담 당시 녹취록 전체를 수록한 것이다.

4   Colette Fellous, présentation de «Duras-Godard», *Le Magazine littéraire*, n° 278, juin 1990 : *Marguerite Duras*, Éditions du Magazine littéraire, coll. «Nouveaux regards», 2013, pp. 131~32에 재수록.

5   *Le Magazine littéraire, op. cit.* ; *Jean-Luc Godard par Jean-Luc Godard*, t. II, op. cit., pp. 140~47.

고다르: 마르그리트, 안녕하세요!

뒤라스: 잘 지냈나?

고다르: 어떻게 지내셨어요? 생방송이 아니지만 생방송인 척하지요.

뒤라스: 자네 얼굴에 스태프들이 메이크업을 했나?

고다르: 아니요, 안 했어요. 민낯이고 제 수염입니다. 못 뵌 지 얼마나 됐죠?

뒤라스: 트루빌에서 만났던 게 [마지막이었지]. 어느 날 자네가 집 앞에 찾아와서 "마르그리트!" 하고 불렀지. 〈아이들〉과 〈대서양의 남자〉¹를 찍기 전이었어. 그럼 시작할까?

고다르: 네, 시작했네요.

뒤라스: 자네 영화 정말 훌륭했네.²

---

1   〈바위에 새겨진 손〉과 〈세자레〉가 〈밤 항해〉에서 사용하지 않은 장면을 편집한 작품이듯, 〈대서양의 남자〉(1981)는 〈아가타와 끝없는 독서〉(1981년 3월 촬영)에서 사용하지 않은 장면을 편집해 만들었다. 〈대서양의 남자〉는 〈아가타와 끝없는 독서〉의 이미지에, 이미지의 부재 속에서 '어둠 이미지image noire'인 영화를 완성하는 보이스-오프만 울리도록 둔 긴 검은 화면을 더했다. 〈밤 항해〉에서 '어둠 이미지' 영화는 이렇게 알려진 바 있다. "모든 내 영화에서 어둠은 이미지 아래에 묻혀 있다. 이들을 통해, 나는 영화의 깊은 흐름에 닿으려 시도했을 뿐이다. […] 어둠은 내 책 모두에도 있다. 이 어둠을 나는 '내적인 그늘ombre interne,' 모든 개인의 역사적 그늘이라 부른다"("Le noir atlantique" [1981], *Le Monde exterieur*, *op. cit.*, p. 16).

2   뒤라스는 1987년 개봉한 〈오른쪽에 주의하라〉를 일컫고 있다.

고다르: 모든 걸 다 잘 알고 계시면서도 이렇게 좋은 얘기를 해주시니, 저는 안 좋은 얘길 해야겠어요.

뒤라스: 하지만 자네가 그렇게 생각하지 않으면서 굳이 나쁜 얘기를 할 필요는 없지 않겠나. 그 영화는 훌륭하네… 그런데 매번 텍스트가 존재하는 이유를 모르겠어. 말이 없는 영화를 만들 수는 없을까?

고다르: 그렇게 될 겁니다. 곧 만들 수 있을 거예요. 아직은 아니지만요. 한데 가렐은 그걸 감행했어요.[3] 저의 경우는, 차라리 무성영화라고 해야 할 텐데, 하지만 많은 소리가 있고, 따라서 텍스트가 중요하진 않지만, 낱말들은 받아들이는… 작가들은 어떻게 그리 과감하게 쓰는지 궁금합니다. 저는 과감히 쓰지 못하거든요. 말하자면 크게 할 일이 없는, 기계적인 대상을 발견한 데에 저는 만족해요.

뒤라스: 그런데 어쨌든 자네는 영화를 소리로, 낱말로 채우지 않나.

고다르: 네, 한데 저는 낱말들을 사랑해요. 낱말은 요정, 셰익스피어[4]의 요정들이지요… 당신이나 베케트의 작품에서

3   고다르는 〈비밀의 아이L'Enfant secret〉(1982) 이전에 여러
      무성영화(〈폭로자Le Révélateur〉[1968], 〈처절한 고독Les
      Hautes Solitudes〉[1974])와 말이 거의 없는 영화(〈내부의
      상처La Cicatrice intérieure〉[1972], 〈심연의 방Le Berceau de
      cristal〉[1976])를 만든 필립 가렐을 생각하고 있다.
4   1987년 5월, 고다르는 셰익스피어의 동명 작품에서 영감을 받은

낱말들은 왕이고요.

뒤라스: 반드시 그렇지는 않아. 번성, 낱말을 번성시키고, 또 영화를 번성시켜야지. 그런데 그것은 증명되어야 하네.

고다르: 낱말을 영화에 넣지 않는 대신 다른 걸 발견하기가 어렵습니다. 확실히 그래요…

뒤라스: 음악을 넣고, 얼굴을 넣지 않나.

고다르: 호평받지 못했던 책들을 영화에 여럿 넣은 건 제가 유일할 겁니다.[5]

뒤라스: 그래, 자네는 늘 책을 등장시키지, 맞아. 그리고 자네는 책을 보고, 책을 놓아 두고…

고다르: 책은 잘 나오지 않았죠. 매주 피보Bernard Pivot가 진행하는 프로그램에라도 나가야 할까 봐요.[6] 갑자기 자문

〈리어 왕〉을 완성했다. 이 작품에서 고다르는 핵 재난 이후의 세상에서 영화의 비밀을 지키려고 출현한 괴상한 은자 플러기 교수 역을 연기한다. 이곳에서 (연극 연출가 피터 셀라스Peter Sellars가 분한) 윌리엄 셰익스피어 주니어 5세라는 젊은이는 자신의 선조 윌리엄 셰익스피어의 텍스트 재구성을 시도한다.

5 도스토옙스키의 『백치』 외에도, 분간할 수 없는 여러 책과 잡지, 신문이 〈오른쪽에 주의하라〉에서 인용된다. 클로드 기용Claude Guillon과 이브 르보니에크Yves Le Bonniec의 『자살 이용법Suicide mode d'emploi』(1982년에 출판되었으나 1991년까지 프랑스에서 금서였던 이 책이 영화에 등장한 것은 일종의 도발이었다), 〈미키 퍼레이드Mickey Parade〉나 〈뽀빠이Popeye〉 등 만화도 나온다.

6 고다르는 1993년 〈오! 슬프도다Hélas pour moi〉가 개봉했을 때, '피보가 진행하는' 프로그램인 〈문화의 격발Bouillon de culture〉에 출연했다[베르나르 피보는 서평 프로그램을 오래 진행한

하게 되었어요. 정말 궁금해서요. 왜 저는 이 낱말들을 모두 썼을까요, 하나도 쓰지 않고 어떤 효과를 불러일으킬 수도 있 었을 텐데.

뒤라스: 자네는 책을 읽지 않나?[7]

고다르: 열차를 탈 때나 걸을 때 말고는 책을 더는 읽지 않습니다. 제가 풍경을 누비는 걸까요, 앞으로 나아가는 걸까

7   언론인이자 작가로, 2014~19년에 공쿠르 아카데미 위원장을 지냈다. 뒤라스는 1984년 『연인』을 출간한 직후 피보가 진행하던 TV 프로그램 〈아포스트로피Apostrophes〉에 출연한 바 있다].

이 질문은 두 가지를 동시에 묻는 것이었다. 이 프로그램의 사전 설정은 뒤라스는 고다르에게 〈오른쪽에 주의하라〉에 관한 질문을 하고, 고다르는 뒤라스에게 『에밀리 엘』에 대해 묻는 것이었는데, 뒤라스는 고다르가 책을 읽지 않았다고 믿었다. "고다르는 내 책을 읽지 않았다. 그는 내 책을 읽어 와야 한다는 걸 아예 잊어버린 듯했다. 〔…〕 우리는 내 책 이야기는 하지 않고, 다른 모든 것에 대해, 특히 그의 영화에 대해 이야기했다. 〔…〕 이는 우리를 자유롭게 했다. 미리 약속한 대로 마지막 십 분 동안 내가 『에밀리 엘』에 대해 얘기한 걸 제외하곤, 내 책 얘기를 어떤 화제로든 바꿀 수 있었다. 〔…〕 그리고 이 혼란과 난리 속에서, 나는 갑자기 고다르와 내가 같은 종류의 인간, 동류임을 깨달았다. 우리는 무엇인가를 하면서도 손이 닿지 않는 비사교성 속에 머무는 사람들이었다. 〔…〕 이 프로그램에 존재하는 우리 사이의 온기와 부드러움은 거기에서 온 것이었다. 우리가 서로 아끼고 서로를 매우 존경하고 있음이 매우 뚜렷이 드러나는 순간이었다. 〔…〕 내 있는 그대로를 그는 존경하고, 나는 그가 사는 방식을 존중한다. 감당하기 힘들고 버릇없이 자란, 그 모든… 왕의 일족. 우리는 둘 다 왕이고… 무뢰한이다"(Entretien avec Luce Perrot pour l'émission «Au-delà des pages», TF1, 1988: *C'était Marguerite Duras, op. cit.*, pp. 912~13에서 인용).

요? 확신할 수가 없습니다. 통하는 낱말을 골라내기 위해 책을 대충 훑어요. 하지만 가끔은 책으로 돌아와서 읽는 것도 같아요.

뒤라스: 나는 자네가 무슨 책을 읽고 있다고 말하는 걸 전혀 들은 적이 없네.

고다르: 오랫동안 그런 얘길 했지만, 그러고 나면 정확히는 제가 읽지 않았단 걸 알게 됐죠. 안-마리(미에빌)는 책을 읽어요. 그이가 책을 읽기 시작하면, 설령 그게 복약 설명서라 하더라도 끝까지 읽지요. 설사 지루하더라도, 모두 읽고 지루해하는 거죠.

뒤라스: 나도 그렇게 읽는다네.

고다르: 안-마리는 책을 읽다 그만두지 않지요. 저는, 영화도 그렇고, 처음부터 끝까지 보질 않아요. 늘 끝부분이나 어떤 순간들만 봐요.

뒤라스: 텍스트와 영화 앞에서 조바심을 내는군.

고다르: 네, 맞아요. 사실이에요.

뒤라스: 조바심을 내.

고다르: 사실입니다.

뒤라스: 그리고 말하고 있는 다른 사람들 앞에서도 꽤 자주 그러지.

고다르: 확실히 그렇습니다. 지금은 좀 낫지만, 시간이 많이 필요하죠. 만일 우리에게 사흘이란 말미가 주어진다면

괜찮겠지요. 하지만 제 생각에 사람들은 사흘이나 그보다 긴 시간을 기다리지 못하죠.

뒤라스: 자네가 영화를 하지 않았다면 뭘 했을지 물어봐도 될까?

고다르: 아무것도 못했을 겁니다. 한두 권의 나쁜 소설을 갈리마르에서 내거나, 모두 출간을 거절당했을지도요… 어쩌면 끝까지 쓰지도 못했을 겁니다.

뒤라스: 그래, 자네는 끝까지 쓰지 못했을 걸세.

고다르: 하지만 영화는 끝까지 갈 필요가 없지요. 영화는 다른 방법으로 같은 길이를 지속합니다. 그 누구보다 누벨바그가 그래서 그렇게 했지요. 확실히 당신처럼 지각 능력이 뛰어난 이들을, 저는 '사인방'[8]이라 부르는 집단으로 묶습니

8   1960년대와 1970년대에 마오주의자였던 고다르는, 문화혁명을 지휘했던 네 명의 지도자를 기억하며 이 문구를 쓴다. 마오쩌둥과 그의 반려자 장칭을 위시한 마오주의 '사인방'에게 고다르와 고랭은 영화 〈동풍Vent d'est〉(1970)의 텍스트로 경의를 표했다(David Faroult, "Pour lire 'Que faire?'," in Nicole Brenez, Michel Witt(dir.), *Jean-Luc Godard. Documents*, Éditions du Centre Pompidou, 2006, p. 152를 보라). 1984년에 〈탐정Détective〉을 촬영하던 중 뒤라스에게 썼지만 보내지 않은 편지에서, 고다르는 '사인방'이라는 표현은 쓰지 않은 채 이 집단을 이미 규합한 바 있다(「부록」, 217쪽을 보라). "영화에서 콕토Jean Cocteau, 파뇰Marcel Pagnol, 기트리Sacha Guitry의 진정한 딸이 당신이라고 제가 말씀드렸을 때 당신의 기꺼운 웃음." 〈영화의 역사(들)〉 3B 편에서, 고다르는 뒤라스의 (1955년에 찍힌 사진 연작에서 따온) 사진을 1920년대의 사샤 기트리 사진에 포갠다. 두 시대의

다. 프랑스의 사인방은 파뇰, 기트리, 콕토 그리고 뒤라스입니다. 세계적으로도 드문 존재들이죠. 그들은 영화를 만든 작가로, 영화인들과 대등한 혹은 더 나은 영화를 만들었죠. 사실 그들은 영화인이라기보다는 작가이지만, 그들이 영화 세계에서 만든 영화의 위대함과 힘으로 우리가 영화를 믿을 수 있도록 해주었죠. 『르피가로 리테레르*Le Figaro littéraire*』는 제게 이런 말을 해줄 수 있겠죠. "여보세요, 어쨌든 뒤라스는 『태평양을 막는 제방』을 이백만 부 이상 찍었고 미국에도 팔았다고요." 제가 결코 할 수 없는 성공이지요.

뒤라스: 자네 너무 관대한 것 아닌가?

고다르: 저도 작가가 되어 저작권을 팔 수 있으면 좋겠어요. 그러면 제가 쓴 소설을 영화로 만들게 내버려둘 테니, 저도 골치가 덜 아프겠죠.[9]

조합에, 〈미치광이 피에로〉의 대사도 겹쳐진다. "당신은 낱말로 내게 말하고/나는 감정과 함께 당신을 본다네." 동시에, 여러 소리 속에서 (뒤라스 영화의 단골 배우인 잔 모로Jeanne Moreau가 노래하는) 〈내 기억은 주춤한다네J'ai la mémoire qui flanche〉의 일부가 들린다. "그 눈은/푸른색은 아니었을 텐데/녹색이었나 회색이었나?/녹회색이었나?/색이 계속 바뀌었나?/이랬다 저랬다." 기트리의 냉소와 비슷한 방식으로『녹색 눈』을 넌지시 가리킨다.

9   2010년에 저작권과 인터넷의 영화 불법 공유를 거론하며, 고다르는 작가에게는 권리droits 대신 "의무devoirs"만 있다고 말한다("Le droit d'auteur? Un auteur n'a que des devoirs," entretien de Jean-Marc Lalanne avec Jean-Luc Godard, *Les Inrockuptibles*, mai

뒤라스: 한데 글쓰기 속에는 무언가가 있다네…

고다르: 글쓰기는, 그래요, 그렇습니다…

뒤라스: 글쓰기에는, 그 원칙과 정의 속에는, 자네를 받아들이지 않고, 자네를 끌어들이면서도 피하게 하는, 견디기 힘든 무언가가 있다네. 쓰여진 것 앞에서 버텨내기는 힘들지.

고다르: 그래요. 한데 그것이 지금 여기서 일어나고 있는 일이죠. "조바심을 낸다"고 하셨을 때 반대로 저는 아주…

뒤라스: 어쩌면 이 난국 속에서 자네는 우리 중 가장 참을성이 있었는지 모르지.

고다르: 그렇다고 저는 생각합니다. 네, 솔직히 저는 참을성이 있어요. [말씀해주신 걸] 지금까지 이 년 동안 기억하고 있으니까요. 제 나이에… 여러 가지 것들 중 그 문장만 기억합니다. 마치 분석치료를 받은 것처럼, 이 년 동안 그걸 기억하고 있어요.

뒤라스: 내가 자네에게 한 얘기 중 어떤 대목을 말하는 건가?

고다르: 네, "자네는 왜 그 낱말을 썼나? 자네는 왜 두려워하나?"라고 하신 말씀이라든지, "자네는 낱말을 두려워하는군" 같은 말씀은 그대로 사실이고요.

뒤라스: 하지만 그런 건 아무 소용이 없다네, 그 어려움

2010). 이는 그가 1970년대부터 되풀이해 말해온 경구이다.

에서 전혀 자네를 벗어나게 하지 못해! 들어보게, 장-뤽, 자네가 지닌 장애[10]를, 아마도 그럴 걸세, 자네는 그걸 통과해야 하네. 그건 거의 장애나 마찬가질세.

고다르: 네, 하지만 영화는 어쨌든 장애가 있습니다. 늘 세 발로 걸으니까요.[11] 카메라 다리를 보세요, 다리가 세 개죠. 어떤 동물이라도 다리가 셋이면 절뚝거릴 수밖에요!

뒤라스: 아니, 아니야, 아닐세. 나는 걷지 않는다네.

고다르: 아녜요, 당신은 걷고 있답니다!

[…]

뒤라스: 예컨대 텔레비전 영화를 보게. 텔레비전 방송을 위해 제작되며 알려진 배우들이 출연하는 식의 텔레비전 영화를 얘기해볼 수 있을 걸세. 마치 같은 필름 매체support[12]가

---

10   '장애infirmité'는 뒤라스의 용어 중에서 욕망의 균열과 자주
        이어지는 강렬한 낱말이다. 예를 들어 『롤 베 스타인의 환희』에서
        주인공〔스타인〕은 이렇게 묘사된다. "그리하여 어느 날, 이 장애를
        지닌 몸은 신의 배 속에서 꿈틀거린다"(그 몸은 "타자라는 장애"와
        같이 텍스트에서 더 동떨어진 것으로 묘사된다).〈밤 항해〉에서
        아버지라는 인물은 "욕망이 본질적으로 지닌 장애와 같은 면"
        때문에 괴로워한다.

11   고다르는 의식적이든 아니든, 지가 베르토프의〈카메라를 든
        사람Tchelovek s kino-apparatom〉(1929) 속 애니메이션 쇼트
        하나를 떠올린다. 이 쇼트에서 카메라는 삼각대 위에서만
        움직이는 것을 볼 수 있다. 고다르와 장-피에르 고랭이 1968년
        결성한 지가 베르토프 그룹은 1972년 해체되었다.

12   〔옮긴이〕 프랑스어와 영어에서 공히 'support'는 영화의 물리적
        지지체(1987년에는 필름이 주된 지지체였음)를 일컫는데,

아닌, 백지 위나 학생용 종이에 영화를 만든 느낌이네. 만듦새로 알아볼 수 있지.

고다르: 만듦새로 알아본다는 건 그저 만들지 않았기 때문이고, 제작하지 않았기 때문입니다. 그 영화들은 배급을 할 뿐이고 존재하지는 않습니다.

뒤라스: 자네는 늘 외적인 이유를 찾는군!

고다르: 의사들은 그렇게 하지요.

뒤라스: 개념상으로도, 텔레비전 영화 생산은 백지 위에 쓰여진 결과로 나는 보네.

고다르: 하지만 그것들은 생산된 게 아니래도요! 그건 바로 알아챌 수 있습니다.

뒤라스: 이미지나 줄거리 또는 사람들이 이야기하는 내용을 보는 것이 아니라, 우리는 필름의 물질성을 보네. 텍스트를 담은 종이가 투명한 것과 마찬가지야…

고다르: 동의합니다. 하지만 매체는 없지요.

뒤라스: 텔레비전에선 이 투명성 위에서 영화를 만들 수밖에 없네. 심도와 지속은 어느 저녁 한 번의 방송에 저항할 수 없네. 감독의 계획도 살펴봐야겠지. 자네 계획에서도 자네의 영화 정의는 매우 알기 어렵네. 그 영화는 매우 훌륭하고, 돌발적인 언어들 덕에 찬란하고도 멋진 영화가 되었어. 자네

여기서는 쉬운 이해를 위해 영문판 번역을 따라 '매체medium'로 옮긴다. Nicholas Elliott(trans.), Film Desk Books, 2020, p. 85.

116

는 어디서 영감을 얻은 건가? 셰익스피어나 『카르멘』에서 착안했나?[13]

고다르: 그건 아닙니다.

뒤라스: 자네가 언어를 붙들고 있었던, 사물들을 얘기하는 영화들에서 착안한 건가?

고다르: 그런 관점으로 생각할 수 있겠네요, 왜 이 영화가 나왔는지… 제 생각엔 텍스트에는 무언가 무자비한 것이 있어요. 작가가 되려는 의지가 없을 경우에는요. 존재하는 의지가 있고, 존재함에 의해 종지부를 찍고, 당신이 그걸 발견하는데, 그것은 뭔가 극단적으로 어려운 것입니다. 색채, 프레임, 실행의 저항조차 없지요. 제가 오랫동안 읽으려 애썼지만 성공하지 못한 소설이 있어요. 삼십 년 전부터 뒤적였는

---

13   '돌발적인 언어들'을 이야기하며, 확실히 뒤라스는 〈오른쪽에
       주의하라〉 중 리타 미츠코Rita Mitsouko[듀오로 구성된 프랑스
       록 그룹]의 리허설 장면과 문학작품 인용이 겹쳐지는 장면을
       가리키고 있다. 이 두 지향은 〈리어 왕〉과 〈미녀갱 카르멘〉으로
       되돌아갈 수 있다. 뒤라스는 이 '돌발성'을, 예를 들어 〈오른쪽에
       주의하라〉에서는 헤르만 브로흐Hermann Broch의 인용(고다르가
       매우 자주 언급하곤 하는 『베르길리우스의 죽음』의 일부)으로
       끝난다는 것으로 기억하는 듯 보인다. 브로흐의 다음 인용에서,
       언어는 세계의 본질적인 웅성거림에 대한 메타포를 만드는,
       하이데거와 블랑쇼, 또는 뒤라스의 어떤 구절들과 가까운
       중얼거림이다. "그리하여 우선은 접주지 않으려는 듯 매우 온화한,
       인간이 오래전, 아주 오래전에 들은, 인간이 존재하기 전에 들은
       적이 있는 속삭임이 다시 시작된다."

데, 포크너의『압살롬, 압살롬!』입니다.[14]

뒤라스: 난 자네가『백치』를 영화에 넣은 줄로만 알았지.

고다르: 아니요,『백치』는 소품으로 연기할 때 쓰려고 샀어요.[15] 결과적으로 직업 의식이라기보다는 도스토옙스키에 대한 존경이랄까요. 해서 촬영 중에 읽기 시작했습니다만. 또 오래전부터 좋은 소설을 읽고 싶은 욕구는 있었지만, 영화를 찍을 때는 어찌할 수 없는… 그런데 "외적이다" "내재적이다"라고 하실 때를 예로 들자면, 분석치료에 가까운 냉혹한 무엇이 있습니다…

뒤라스: 이를테면, 나는 시작점을 말한 것이네.

고다르: 글을 쓰는 것은 분석치료와 매우 흡사합니다.

14　『압살롬, 압살롬!』과 포크너에 대해서는「1980년 대화」88쪽 각주 26을 보라. "『압살롬, 압살롬!』은 〔…〕 그것만 해야 합니다, 직업으로 그것을 읽기만 해야 합니다"(Alain Bergala et Serge Toubiana, "L'art de (dé)montrer," entretien avec Jean-Luc Godard, *Cahiers du cinéma*, n° 408, janvier 1988: *Jean-Luc Godard par Jean-Luc Godard*, t. II, *op. cit.*, p. 128에 재수록).

15　〈오른쪽에 주의하라〉에서 고다르는 '바보' 또는 '왕자'라고 불리는 영화감독 역할을 연기한다. "고위층은 바보의 여러 죄를 용서할 준비가 되어 있다. 그런데 그는 매우 서둘러야 한다. 이야기를 발명하고 촬영하고 늦은 오후까지 수도에 프린트를 배달해야 한다. 영화는 저녁에 배급을 시작해야 한다. 지방 공항에서 비행기 티켓이 그를 기다리고 있듯, 자동차 한 대가 계곡 아래쪽 차고에서 바보를 기다린다. 이를 대가로, 이 대가를 치르고서야, 바보는 용서받을 것이다"〔영화 시작 장면의 내레이션〕. 이 영화 속에 고다르는 여러 차례 도스토옙스키의 소설책을 손에 들고 등장한다.

뒤라스: 암흑에 가까운 석탄 같은 브레송Robert Bresson 의 매우 어두운 매체와, 회수될 종이 위의 투명한 영화, 즉 회 수될 매체인 텔레비전 영화를 말할 때, 자네를 어디에 위치시 킬지 고민하네.[16] 내 생각에 자네는 우선 그냥 영화를 만들지. 자네는 영화관 없는 영화를 만들어. 그러고 나서 자네는 말로 호객하려 노력하네.[17]

16   뒤라스는 브레송을 전략적 본보기로 삼는다. 전후에 문학과
       영화의 관계가 주목받을 때, 브레송은 콕토와 협업하여
       디드로Denis Diderot의 소설을 영화화한 데 이어(〈불로뉴
       숲의 귀부인들Les Dames du Bois de Boulogne〉[1945]),
       베르나노스Georges Bernanos의 소설을 각색한 〈어느 시골 사제의
       일기Journal d'un curé de champagne〉를 만들어 앙드레 바쟁André
       Bazin이 1951년의 주요 저작에서 "비순수 영화cinéma impur"를
       정의할 때 중요한 예로 삼기도 했다. 〈당나귀 발타자르Au hazard
       Balthazar〉가 개봉한 1966년, 어느 연작 텔레비전 인터뷰에서
       뒤라스와 고다르는 같은 소파에 앉아 각각 브레송에 대해
       이야기했다. 이 인터뷰에서 뒤라스는 바쟁의 경구를 뒤집으며
       "순수 영화cinéma pur"를 이야기한다. "회화에서, 시에서 사람들이
       한 일을 로베르 브레송은 영화로 했다"(이 텔레비전 인터뷰
       녹취록은 Bresson par Bresson: Entretiens(1943-1983), Flammarion,
       2013 참조).
17   "호객하다racoler"라는 낱말 선택은 범상치 않다. 이는 뒤라스가
       경험한 남성적 사유와 연관되어 있는 듯하다. 뒤라스는 『말하는
       여자들』에서 68년 5월에 대해 이렇게 말한다. "남자는 입을
       다무는 법을 배워야 한다. 그에게는 그것이 매우 괴로운 일이 될
       터다. 이론적인 목소리와, 이론을 해석하는 실천적인 목소리를
       자신 안에서 침묵하게 하기. 그는 치료받아야 한다. [⋯] 즉시
       그는 여자들, 광인들을 억눌렀고, 옛 언어를 다시 썼으며, 68년
       5월이란 새로운 사실을 설명하고 말하기 위해 옛 이론과 실천으로

고다르: 호객하는 면이 분명히, 분명히 있지요. 하지만 지금은 그렇지 않다고 생각합니다.

뒤라스: 나는 자네가 뭔가를 말하는 데 성공한 지점에 개입하려 하네.

고다르: 제가 좋아하지 않거나, 무서워하는 게 바로 그겁니다. "그것, 자네가 말하는 데 성공한 게 나는 좋아."

뒤라스: 하지만 난 자네에게 질문하느라 이것저것 말하는 게 아닌가.

고다르: 네, 하지만 워낙 말씀을 잘하시잖아요. 프로이트는 말을 매우 잘했는데, 의사가 이런 재능이 있으면…

뒤라스: 재능이 있든 말든, 나는 얘기하길 시도하고 자네는 내 얘기를 죄다 알아듣지 않나!

고다르: 저는 말씀하시는 걸 이해하면서 사실은 그걸 듣고 있지 않아요. 한편으론 특정한 순간엔 제가 어떤 해방감을 느꼈었다는 생각도 들었지요. 대학을 관두던 스무 살, 스물다섯 살 무렵에야 뒤늦게 그런 생각을 했어요.[18]

뒤라스: 자네가 "어떤 해방"이라 부르는 건 뭔가?

호객했다."

18   "영화를 보면서 비로소, 글쓰기의 공포에서 마침내 벗어났음을 우리는 느꼈다"(Jean-Luc Godard, "Les livres et moi," *Lire*, n° 255, mai 1997). 고다르는 1949년 열아홉 살 때 소르본 대학 인류학과에 등록했지만, 학교에 오래 머물지 않았다(*Godard. Biographie, op. cit.*, p. 37을 보라).

고다르: 말하는 행위가 자동적으로 이끌지 않는 무언가를 발견하고 보는 것입니다. 저는 그 속에서 성장했고, 거기서 제가 자유로울 순 없을 겁니다. 그래서 호객꾼 비슷한 면이 제게 있는 건데, 삼십 년 동안 영화를 한 뒤에야 어쩌면 조금씩 저는 거기서 벗어나기 시작하고 있습니다. 단순히 말해, 저는 그 대본들을 쓰는 데 이를 수 없습니다. 그것들이 거기에 존재하니까요.[19]

뒤라스: 그래, 그런데 자네의 모든 의도, 자네의 영화적

19   로베르토 로셀리니의 경구 "사물은 존재한다, 왜 그것들을
      변조하는가?"("Les choses sont là, pourquoi les manipuler?":
      Roberto Rossellini, *Le Cinéma révélé*, Cahiers du cinéma/Éditions
      de l'Étoile, 1984, p. 54)처럼 "사물이 존재하"듯 텍스트들은
      "존재한다." 혹은 앙드레 바쟁이 로베르 브레송의〈어느
      시골 사제의 일기〉로 "다듬지 않은〔미학적〕사실, 부차적인
      실재성"("Le Journal d'un curé de campagne et la stylistique de
      Robert Bresson," 1951, André Bazin, *Qu'est-ce que le cinéma?*,
      Cerf, 1985, pp. 118~19에 재수록〔한국어판은『영화란 무엇인가?
      II. 영화와 그 밖의 예술들』, 김태희 옮김, 퍼플, 2018, 60쪽.
      번역은 옮긴이의 것임〕)의 예를 들었듯, 소설은 존재한다. "제가
      보기에, 회화적이든 음악적이든 모든 인용은 인류의 자산입니다.
      도스토옙스키의 문구 '나는 타자다Je est un autre'와 챈들러의 소설
      제목 '기나긴 이별The Long Goodbye'이 제 마음을 끕니다. 그것으로
      타자들과 관계를 맺어야 합니다. 저는, 레이먼드 챈들러와 표도르
      도스토옙스키를 어느 날 식당에서 이런저런 배우들과 관계를
      맺도록 하는 사람일 뿐입니다. 그게 다입니다"(Jean-Luc Godard,
      "Tout ce qui est divisé m'a toujours beaucoup touché…," conférence
      de presse de Nouvelle Vague, 1990: *Jean-Luc Godard par Jean-Luc
      Godard*, t. II, *op. cit.*, pp. 201~202에 재수록).

의도에서 자네를 살아남게 한 고통을 설명하자면, 어쩌면 우연히 그리된 걸까, 자네가 부지불식간에 그걸 선택한 걸까?

고다르: 그렇진 않습니다. 하지만 거기엔 뭔가가 있어서…

뒤라스: 그 비슷한 게 있겠지.

고다르: 그리고 다른 뭔가도 있습니다. "나는 동사 '뒤따르다'를 뒤따른다"[20]라고 앙드레 브르통이 말한 것처럼요. 제가 드물게 품고 있는 작가의 말인데요. 제가 한 인간이 아니라, 한 존재로서, 또는 동사 **뒤따르다**를 뒤따르는 존재이자 인간이라는 뜻으로 말입니다.[21]

---

20 〔옮긴이〕프랑스어 동사 être('있다, 이다' 등의 뜻을 지니고 수동태의 조동사로 쓰이는 등 영어 be동사와 유사함)와 동사 suivre('뒤따르다, 추적하다' 등 영어 동사 follow와 유사한 의미와 어법을 지님)의 1인칭 단수 활용형은 모두 suis이다. 즉, 브르통은 "나는 존재한다"와 "나는 뒤따른다"를 의미하는 문장이 모두 "Je suis"임을 이용한 언어 유희를 하고 있다. 따라서 "Je suis, du verbe *suivre*"라는 해당 문장은 "나는 동사 '뒤따르다'에 속한다"라는 뜻으로도 통한다.

21 〔고다르의 영화〕〈결혼한 여자〉(1964)의 도입부에서, 마리나 블라디Marina Vlady〔실제로는 마리나 블라디가 아니라 마샤 메릴Macha Méril이 연기한다. 주석을 작성한 시릴 베갱이 착각한 것으로 보인다〕는 보이스-오버로 속삭인다. "나는 누구인가Qui suis-je? 정확히 알았던 적이 없네Jamais su exactement. 동사 '뒤따르다'를Le verbe suivre"〔동사 '알다savoir'의 과거분사 'su'는 'suis'와 발음이 같다〕. 고다르는 1990년 잡지 『악튀엘*Actuel*』(n° 136)과의 인터뷰 말미에 이 경구를 보완한다. "나는 고다르〔를 뒤따른〕다Je suis Godard, 이건 모두 철학일 뿐이다. 이제 나의

122

뒤라스: 한데 자네는 자신을 벌하고 있어, 장-뤽![22] 바로 그 말을 하고 있잖나!

고다르: 네, 하지만 저는 말을 하고 있지 않습니다. 아무 뜻 없는 얘기만 하고 있어요. 저도 입이 있으니 말을 하고 싶습니다. 걷고 싶은 것과 마찬가지로요.[23]

경구는 이러하다. '나는 한 마리의 개(를 뒤따른)다. 그리고 그 개는 고다르를 뒤따른다Je suis un chien et ce chien suit Godard.' 동사 뒤따르다, (그는) 뒤따를 것이다, (우리는) 뒤따를 것이다, (당신들은) 뒤따를 것이다suivre, suivra, suivrons, suivrez"(*Jean-Luc Godard par Jean-Luc Godard*, t. II, *op. cit.*, p. 241에 재수록). 니콜 브르네즈Nicole Brenez는 이 경구가 그리스 견유학파를 참조한 것으로 본다("Jean-Luc Godard, *Witz* et invention formelle," 뒤에서 인용된 부분 참조). 어쩌면 이 개가 〈언어와의 작별〉(2014)의 주인공일 터이다.

22 뒤라스는 『에밀리 엘』에서 "벌damnation"이라는 낱말을, 글쓰기와 마주한 두려움을 일컬으며 쓴 참이었다. "그 여자는 시를 썼다. 처음은 아니었다. 전에도 그이는 늘 시를 썼지만, 선장과 만난 뒤로 몇 해 동안은 쓰지 않고 있었다. 그리고 이렇게 다시 시작했다. (…) 그이, 그 여자는 선장에게, 자신의 시에 선장을 향한 열정과 모든 살아 있는 존재에 대한 절망을 동시에 쏟았다고 말했다. 선장, 그는 그 여자가 자신의 시에 쏟은 것이 말한 바대로는 아니라고 믿었다. 그이가 쏟은 것이 실제로 무엇인지 선장은 몰랐다. (…) 선장은 아팠다. 진정한 벌을 받은 것이다. 그 여자의 삶이 여기 있다고 믿은 선장을 배반하고, 마치 그이가 또 다른 삶을 영위하는 듯했다"(*Emily L.*, Les Éditions de Minuit, 1987, pp. 77~78(한국어판은 『에밀리 엘의 사랑』, 강주헌 옮김, 고려원, 1993, 82~83쪽. 번역은 옮긴이의 것임)).

23 고다르의 대답은 〈미치광이 피에로〉에 나오는 장-폴 벨몽도의 유명한 독백을 상기시킨다. "나는 눈이라 부르는 보는 기계를,

뒤라스: 하지만 자네가 귀 기울이려 하지 않고, 읽으려고도 하지 않으니. 말하는 것도 동시에 시간을 들여야 한다네. 자네 듣고는 있잖나!

고다르: 네, 어쨌든 듣고는 있지요… 이것저것 듣고는 있습니다.

뒤라스: 그렇다면 우린 쓸데없는 일을 하고 있는 걸세.

고다르: 그렇지는 않습니다. 들은 것 중 두세 가지는 저도 기억하거든요. 하지만 말로 전해진 것들은 남들과 다투어 볼 필요가 있다고 생각합니다.

뒤라스: 영화와 다투어야 한다는 건가?

고다르: 아니요, 그게 아니라 타인들과 언어로 다투어봐야 한다는 겁니다. 한데 영화를 만들 땐 그렇게 할 수 없지요.

뒤라스: 자네 말인즉슨 영화로 만드는 걸 말로 할 순 없단 건가, 영화를 만들고 있는 중에는?

고다르: 바로 그렇습니다! 영화를 만든 뒤나 만들기 전에는 그에 대해 말할 수 있지만요. 영화를 만드는 순간에는 정비공처럼 말할 수밖에요. 그게 다고, 그것만이 이로운 일이죠.

뒤라스: 자네가 이제 막 끝낸 영화에 대해선 누군가에게

귀라고 부르는 듣는 기계를, 입이라 부르는 말하는 기계를 가졌다. 이 기계들은 나뉘어져 있어, 통일성이 없는 듯하다. 나 자신을 하나의 존재로 느껴야 함에도, 내가 복수의 존재인 듯 느껴진다.”

말해봤나? 제목이 재미있구면, 오른쪽에 주의하라?

고다르: 전혀, 전혀 말 안 했어요! 부제가 있긴 합니다…24 한데 저는 "에밀리 엘"이란 제목을 들었을 때, 잘은 모르지만 제 생각을 말씀드리자면, L을 elle25처럼 여겼어요.

뒤라스: 그래, elle.

고다르: "그 여자elle를 이해할 수 없어"라고 전 생각했어요. 그리고 그림을 그렸죠. 그러고는 제가 이해했다고 여긴 뒤샹의 작품이 생각났는데요. 그 뜻을 일부는 깨달았다고나 할까요.

뒤라스: 〈큰 유리〉 말인가?

고다르: 〔정확한 작품 제목인〕〈심지어, 그녀의 독신자들에 의해 발가벗겨진 신부La Mariée mise à nu par ses célibataires, même〉에서, "심지어même"를 여하튼 한 번은 이해했는데, 말로 설명이 가능할 정도로 이해했었는데, 그 뒤 잊어버리고 말았습니다.

뒤라스: 한데 L은 말일세, L을 얘기할 때의 공기의 떨림이라네.

---

24   전체 제목은 〈오른쪽에 주의하라: 지상의 어느 장소Soigne ta droite. Une place sur la terre〉이다. 〈오른쪽에 주의하라〉 전편에서, 고다르가 연기하는 영화감독은 "지상의 어느 장소Une place sur la terre"라는 제목이 적힌 필름 통을 나른다.

25   〔옮긴이〕 삼인칭 단수 여성 인칭이나 사물을 가리키는 프랑스어 주어, 강세형 대명사. 알파벳 L처럼 /ɛl/로 발음한다.

고다르: 그건 aile[26]이기도 하죠.

뒤라스: 멈추지 않는 무언가지. 낱말은 지면에서 끝나지만, L은 계속 들린다네.[27]

고다르: 그런데 어떤 이유로, 어떤 순간에 영화를 만드는 게 필요하시게 됐습니까? 실제 활동 면에서 영화는 좀더 구속이 심한데요…

뒤라스: 그때를 가늠할 수 있네. 그건 68 이후라네.

고다르: 68 이후요?[28]

---

26   〔옮긴이〕'날개' '측면' 등의 뜻을 지닌 프랑스어 명사. 역시
      /ɛl/이라고 읽는다.

27   뒤라스의 고찰은, 고다르가 이듬해(1988)에 프랑스 텔레콤의
      의뢰로 제작한 〈말의 힘〉이 지닌 논지 중 어떤 부분을 예견한다.
      여러 텍스트를 다루는 〈말의 힘〉은, 제임스 케인James Cain의
      『포스트맨은 벨을 두 번 울린다』〔셰날Pierre Chenal(1939),
      비스콘티Luchino Visconti(1943), 가넷Tay Garnett(1946),
      라펠슨Bob Rafelson(1981) 등이 이 소설을 영화화했다〕속
      연인의 대화와 에드거 앨런 포의 『기이한 이야기Nouvelles histoires
      extraordinaires』〔보들레르 편역〕에 실려 있는 단편 「말의 힘The
      Power of Words」을 섞는다. 포의 천사들은 온갖 움직임이 낳는
      떨림의 무한한 흩어짐을 말한다. "내가 그대에게 이렇듯 말하는
      동안, 말들의 물리적 힘에 관한 몇몇 생각이 그대의 정신을
      관통함을 그대는 느끼지 않았는가? 말 하나하나는 공기 중에서
      만들어진 하나의 운동이 아닌가?"

28   뒤라스가 단독으로 처음 연출한 장편 〈파괴하라, 그녀는 말한다〉는
      1969년 12월 개봉했다〔뒤라스가 1966년에 만든 첫 영화 〈라
      뮈지카La Musica〉는 폴 스방Paul Seban과 공동 연출한 작품이다〕.
      같은 해에 고다르는 극장가에서 모습을 감추고 영화 운동과
      비디오 제작을 시작한다. 〈원 플러스 원One+One〉을 개봉한

뒤라스: 나는 몇 푼의 돈을 벌자고 소설을 쓰기 시작했고,[29] 또 몇 푼의 돈을 위해 영화를 만들었지. 한데 내 영화들은 책이라네. 모두.

고다르: 동의합니다.

뒤라스: 한편 자네는, 영화의 정수는 사람들이 말하지 않는 영화 아닌가! 밀어붙여야지!

고다르: 그 점이 당신 영화의 아름다움입니다. 영화로는 만들지 못하는 진짜 책에서 나온 작품들이에요.

뒤라스: 내 영화들이 진짜 책이라고 했나?

고다르: 아니요, 말하는 책이거나 보는 책, 살피는 책이고, 진정한, 아무것도 숨기지 않는 형태 아래 말하는 책이지요.

뒤라스: 하지만 내 영화에서는 아무도 말하지 않네. 목소리들이 있지.

1969년 5월부터 〈할 수 있는 자가 구하라(인생)〉을 개봉한 1980년 10월 사이, 고다르는 1972년에 발표한 〈만사형통〉만을 상업 극장에 배급했다.

29 여기서 뒤라스는, 마르그리트 도나디외Donnadieu라는 이름으로 1941년 리브르누보 출판사에서 펴낸 『뜨거운 시절들Les Heures chaudes』이나 작가의 이름을 밝히지 않고 1944년 니세아 출판사에서 출간한 『변덕Caprice』 같은 초기 소설들을 일컫고 있다. 『아웃사이드』의 서문에서, 뒤라스는 "우리가 전쟁 중에 쓴 모든 소설은, 〔…〕 암시장에서 버터와 담배, 커피를 사기 위해 썼다"고 언급한다(p. 12).

고다르: 그런데 콕토나 기트리, 제가 당신의 영화와 비슷한 관점에서 가장 좋아하는 감독 중 한 사람인 파뇰의 영화에서 진정한 연극을 발견했듯, 당신의 영화는 진정한 책이라 할 수 있습니다. 네, 그래서 "벌받은" 이로서 저는 이렇게도 말할 수 있어요. 파뇰의 〈앙젤Angèle〉[30]이나 〈인디아 송〉을 보면, 저는 천국을, 어떤 종류의 기적이 임했음을 느낍니다. 하지만 이 작가들의 책을 읽을 때는 쉽지 않다고 생각하게 됩니다. 그들 역시 자기식으로 벌을 받은 거겠지요. 그러나 그들은 우리보다 용감한지도 모릅니다. 저는 말하자면 매우 문학적이라 영화를 보여주지 않는 가정에서 자랐습니다. 서커스 구경은 시켜줘도 저를 극장에 데려가진 않았죠. 저는 아마 그래서 〔영화에〕 홀렸을 겁니다. 그리고 제가 결코 할 수 없었던 게… 저는 편지 쓰는 건 아주 좋아합니다만, 꽤 과장된 문체로 글을 쓰지요.

30   르누아르Jean Renoir와 로셀리니의 영화 말고도, 고다르는
      〈앙젤〉(1934)을 주요 작품으로 언급하곤 한다(1987년 세자르상
      시상식에서 그는 세계 4대 걸작의 하나로 〈앙젤〉을 꼽았다). 알랭
      베르갈라가 〈마리아에게 경배를〉의 한 쇼트를 "우리가 아름다움을
      직시할 수 없음이, 더 이상 순수하지 않"은 징조라고 해석하자,
      고다르는 이렇게 답한다. "그렇다. 나는 늘 〈앙젤〉을 리메이크하고
      싶었다. 그러나 이제는 불가능하다. 배우들도 이젠 없고, 영감의
      원천도 더는 없다"(Alain Bergala, "L'art à partir de la vie," entretien
      avec Jean-Luc Godard〔1985〕, *Godard par Godard. Les années
      «Cahiers»*, Flammarion, «Champs», 1989, p. 28에 수록).

뒤라스: 고전 소설들에서 상황은 예언적이고 장황한 논리 아래 전개되지.

고다르: 콘래드나 메러디스George Meredith[31]의 작품은 그렇지 않지요. 또…

뒤라스: 메러디스의 작품도, 내가 쓴 것도 그렇진 않아.

고다르: 그렇게 안 쓰시죠.

뒤라스: 하지만 파뇰의 작품은 그렇다네!

고다르: 파뇰의 대본은 그렇지만, 영화는 다릅니다. 연극 작품에선 그렇지만, 영화는 안 그래요. 다른 작가들은 더는 희곡을 쓰지 않죠. 콕토는 좀 쓰기도 했지만, 어쨌든 그들은 영화에 안착했죠.

뒤라스: 자네는 콕토를 퍽 존경하지! 내가 보기엔 매력적이고도 기이한 사람이야, 기이해![32]

31   〔옮긴이〕조지 메러디스(1828~1909)는 영국의 소설가 겸 시인이다. 대표작으로 『이기주의자Egoist』 『크로스웨이스의 다이애나Diana of the Crossways』 등이 있다.

32   뒤라스는 콕토의 영화를 높이 평가하지 않았다. "콕토의 영화는 퍽 아름답다고 여기지만, 나보다 다른 이들이 더 좋아한다. 영화에 대한 얘기만 하면 그들이 콕토를 좋아한다고 말할 걸 나는 안다"(Les Yeux verts, op. cit., p. 53). "내가 좋아할 거라고들 생각하지만 좋아하지 않는 이들을 얘기해주겠소. 어쩔 수 없답니다. 르네 클레르René Clair는 점잖고 매력적이지만 참기가 힘들어요. 기트리도 좋아해본 적이 없습니다. 요즘 인기가 있단 건 알지만. 베리만Ingmar Bergman도 좋아하지 않아요. 드레이어Carl Theodor Dreyer는 좋아하지만, 〈게르트루트Gertrud〉를

고다르: 음, 저는 그가 육체적인 용기를 지녔다고 생각
합니다만…[33]

> 다시 보고 크게 실망했지요. 콕토도 별로 좋아하지 않아요,
> 그렇답니다"(Pascal Bonitzer, Charles Tesson et Serge Toubiana,
> "Dans les jardins d'Israël il ne faisait jamais nuit," entretien avec
> Marguerite Duras, *Cahiers du cinéma*, n° 374, juillet-août 1985, p.
> 12).

33   작가 콕토가 몸을 쓰는 용기를 바라보는 고다르의 생각은, 촬영
    기간 동안 콕토가 겪은 숱한 고통과 질병을 호소한 그의 첫
    장편영화 〈미녀와 야수La Belle et la Bête〉 촬영 일지에서 착상했다.
    "나는 내 십자가를 이 영화에 지웠고, 이 영화 속에서 무언가가
    일어났음을 확신한다"(Jean Cocteau, *La Belle et la Bête. Journal d'un
    film*, Éditions du Rocher, 1958, p. 148). 이 일지는 1950년대 초
    고다르와 리베트가 좋아한 책 중 하나였다. 사춘기 시절, 고다르가
    이 책을 로잔 도서관에서 훔쳤다는 설이 있다(*Godard. Biographie,
    op. cit.*, p. 47을 보라). 고다르는 자신의 초기 단편 중 하나인
    〈샤를로트와 그의 쥘Charlotte et son Jules〉(1958)을 콕토에게
    헌정했다. 고다르의 영화가 한결같이 인용한 콕토는, 1987년에도
    고다르의 정신 속에 살아 숨 쉬고 있었다. 그로부터 사 년 전,
    〈마리아에게 경배를〉의 요셉 역을 장 마레Jean Marais〔〈오르페〉
    〈미녀와 야수〉 등 콕토 영화의 주인공〕에게 고다르가 제안한 것은,
    〈오르페〉를 염두에 둔 일이었음에 틀림없다(〈오르페〉와 성서적
    서사의 관계에 대해서는 Jean Cocteau, *Journal d'un inconnu*,
    Grasset, 1998, p. 48을 보라). "내 대본 「오르페」는 원래 동정녀와
    요셉 이야기를 하려고 했다. 〔…〕 나는 성스러운 아이의 탄생을
    설명할 수 없는 시의 탄생으로 바꾸어, 그 소재를 오르페적 주제로
    대체했다." 고다르는, 〈오른쪽에 주의하라〉에서 뮤지션들을 찍을
    욕구를 갖게 만든 리타 미츠코의 '마르시아 바일라Marcia Baïla'
    뮤직비디오를 발견했을 때도 콕토를 생각했다고 한다(*Godard.
    Biographie, op. cit.*, p. 659). 고다르는 〈오르페〉에 운전기사로
    출연한 프랑수아 페리에François Périer도 〈오른쪽에 주의하라〉에

뒤라스: 그러나 그는 늘 신화 얘길 만들잖나!

고다르: (웃음) 네, 하지만 우린 〔콕토와 견주면〕 아이일
뿐인 걸요.

뒤라스: 들어보게, 그래도 우리는 지성을 이용하고 그것
에 대해 불평하진 않는다네. 우리는 우리의 지성을 이용하지,
그걸 이용하길 두려워하진 않아. 우릴 어디서나 알아보고, 하
고 싶은 걸 대략 다 하잖나.

고다르: 그런데 그게 그렇지가 않아요. 왜냐면 영화는
요리와 같아서요. 우리는 요리를 망친 걸 깨닫고, 잘 익으라
고 기다릴 수 있죠. 누가 주의를 환기하거나 전화를 하지 않
더라도 우리는 잘 구워졌단 것도 알지요. 책은 아마도… 영화
는 너무 많은 사람을 부양해야 해요. 작은 제작 규모라도 그
렇게 느껴지지요. 책을 쓰실 때 랭동Jérôme Lindon[34]을 먹여 살
려야 한다고 생각하진 않으시잖아요.

캐스팅한다. 〈오르페〉가 〈영화의 역사(들)〉의 중심에 자리하고
있음("오직 영화만이 유리디스가 죽지 않고 오르페에게
돌아오도록 허용한다")은 자주 지적된 바 있다(Suzanne Liandrat-
Guigues et Jean-Louis Leutrat, *Godard. Simple comme bonjour*,
L'Harmattan, 2004, pp. 207~11 : Jacques Aumont, *Amnésies. Fictions
du cinéma d'après Jean-Luc Godard*, P.O.L, 1999, pp. 33~66을 보라).

34 제롬 랭동(1925~2001)은 1948년부터 임종 때까지 미뉘
출판사 대표였다. 그는 『모데라토 칸타빌레*Moderato
Cantabile*』(1958)부터 1984년의 『연인』 『노르망디 해변의 창녀*La
Pute de la côte normande*』(1986)에 이르는 뒤라스의 책들을 펴냈다.

뒤라스: 아닐세, 때로는 편집자들을 먹여 살려야 하지 않나 생각한다네! 갈리마르를 먹여 살릴 생각은 않지만, 페오엘P.O.L 생각은 한다네.

고다르: 그래요. 하지만 "여덟 시에 퇴근합니다!"라고 말씀드려서, 쓰던 문장을 멈추게 하는 아셰트Hachette 소속 편집자를 두신 건 아니잖아요.

뒤라스: 영화 제작이 자네를 일상적으로 괴롭히나?

고다르: 그 과정 속 사람들 중 사분의 삼은 저를 괴롭힙니다. 하지만 제작 자체는 그렇지 않아요. 멋진 일이지요.

뒤라스: 좋아. 대부분의 책을 낼 때 나는 그 상황 속에서 어떨 거라고 생각하나?

고다르: 제 생각엔 마찬가지이실 거라 생각합니다. 잘 드러나 보이진 않겠지만요.

뒤라스: 때로는 너무 강하고 폭력적이라서, 거기에서 나 자신을 떨어뜨리지 않으면 안 될 정도일세. 결국, 대략 비슷한 경우에 처하는 셈일세.

〔…〕

고다르: 저는 카메라와 함께하거나 편집 테이블에 앉아 있을 때 덜 두려워지는 듯합니다. 사실 카메라는 영화에서 거의 아무것도 아니에요. 영화가 생각하고, 우리는 마지막에 얻는 사유를 모으는 것이죠. 저는 생각하는 역할이 아닙니다.

뒤라스: 하지만 그 사유는 우연한 게 아닐세. 그걸 자네

가 영화에 넣지 않나?

고다르: 아니요, 사유는 이미 존재합니다. 한데 글을 쓸 때면 제가 생각하도록 강요당하는 느낌이 들어요.

뒤라스: 하지만 영화는 저 홀로 생각하지 않네!

고다르: 아니요, 홀로 생각합니다![35]

뒤라스: 그런 허튼소리는 하지 말게! 자네가 없으면 영화도 없어.

고다르: 그렇지는 않습니다. 제가 없으면 증인이 아무도 없는 거죠.

뒤라스: 아무것도 없대도!

고다르: 이 사유를 증언하는 단 한 사람이 있을 뿐이에요.

---

35 고다르는 영화와 사유의 관계에 대한 여러 경구를 창안했는데, 그중 가장 급진적인 경우가 "생각하는 영화film qui pense"다. 그는 '영화'를 '형식forme'으로 바꾸며 변화를 주기도 한다. "영화에서는 형식이 생각한다. 나쁜 영화에서는 사유가 형식을 빚는다"(Alain Bergala, "Une boucle bouclée," entretien avec Jean-Luc Godard〔1996〕: *Jean-Luc Godard par Jean-Luc Godard*, t. II, *op. cit.*, p. 18에 재수록). 〈영화의 역사(들)〉은 이 공리를 쉬지 않고 되풀이한다. "에두아르 모네와 함께 근대 회화가 시작된다. 그것은 말하자면 영화다. 말하자면 말을 향해 나아가는 형식이다. 매우 정확히는 생각하는 형식이다"("사유 작용opération de pensée"으로서의 고다르적 몽타주라는 세부 주제에 대해서는 Jacques Aumont, "Mon beau montage ô ma mémoire," *Amnésies, op. cit.*, pp. 9~32를 보라).

뒤라스: 아닐세!

고다르: 이건 제 생각일 뿐입니다…

뒤라스: 아니라니까!

고다르: …그게 저와 당신의 차이예요.

뒤라스: 그건 자네 생각이고… 아니래도 그러네!

고다르: 이건 결국 제가 영화를 만들며 갖는 만족일 뿐이죠. 그리고 제 생각에, 나머지 사분의 삼을 차지하는 사람들은 그렇게 여기지 않습니다.

뒤라스: 한데 자네는 왜 이름을 이르지 않는 건가? 나는 만물을 **쓰여진 것**écrit이라 이름하네. 쓰여진 책이라 이름 붙이지! 쓰는 자인 나는, 일종의 공백 같은 것을 쓰게 되고, 거기에서 떠나지 못하며, 거기에서 더는 벗어나지 못하게 되네.

고다르: 제 생각에 '나아가는aller' 특정 운동은 과학자들이나 전기 기술자들이 잘 아는 회귀 현상과 만나게 됩니다. 단지, 영화에서는 그 반대였다고 생각합니다. 영화는 회귀에서 시작했습니다.[36]

36   미술사가 한스 벨팅Hans Belting은 〈영화의 역사(들)〉에서
      오르페와 유리디스의 쓰임을 평하면서, 고다르가 '(나아)가다aller'
      '돌리다tourner' '촬영tournage' '회귀retour' '되-돌리다re-tourner'
      사이에서 고다르가 구성한 의미의 얽힘을 종합했다. "우리가
      알고 있듯, 오르페는 유리디스를 보려고 몸을 되돌렸을 때
      그녀를 다시 잃었다. 여기에서 **돌리다**와 **되돌리다**를 바탕으로
      한 언어 유희가 시작된다. 근본적으로 촬영은 앞으로 나아가는
      운동인데, 영화 이미지를 돌려서 성립하기 때문이다. 고다르는

134

뒤라스: 그렇다면 사물은 저절로 그리되는 것이지.[37]

이 과정을 뒤집는다. 뒤를 보는(되돌아보는) 시선은 '회귀한'
이미지, 반복되고 회상하는 이미지로 이루어진 영화를 촬영하도록
허용한다. [⋯] '돌리다'와 '되돌리다' 사이의 대립 속에서
이미지들은 자신의 자유를 발견한다. 한편, 고다르는 비어 있는
필름 릴을 상영하는 영사기와 필름이 감겨 있는 릴을 상영하는
영사기를 자주 보여준다. 끝없는 연쇄, 필름 감기의 의미가
뒤집힐 수 있다는 것이다. 그러나 이 전도는 앞으로 나아가는
움직임 속에 예정되어 있던 줄거리, 시나리오를 파괴한다. 또
〈영화의 역사(들)〉에서, 이 전도는 말로 전달할 수 있는 선형적
이야기에 저항하게 한다"("Histoires d'images," conversation entre
Hans Belting et Anne-Marie Bonnet, *art press*+, hors-série, "Le
siècle de Jean-Luc Godard. Guide pour Histoire(s) du cinéma,"
novembre 1998, p. 68). 옴니버스 영화〈사랑과 분노Amore e
Rabbia〉(1969) 중 "사랑L'Amore"이라는 제목의 단편을 만들었을
때부터, 고다르는 나아가고 되돌아온다는 비유를 이룸한 듯
보인다. 두 쌍의 남녀[혁명가/유산계급 커플과 그들을 지켜보는
남녀]가 쓰는 두 언어[프랑스어와 이탈리아어] 사이를 오가는
이 단편의 원제는 *L'Aller-retour andate e ritorno des enfants
prodigues degli filhi prodighi*[나아가고 되돌아오는(프랑스어)
나아가고 되돌아오는(이탈리아어) 탕아들[프랑스어]
탕아들(이탈리아어)]였다(*Godard. Simple comme bonjour, op. cit.*,
pp. 155~63 참조).

37   뒤라스는『녹색 눈』에서, 창작과 비견해 영화감독으로서 또는
     작가로서 앞으로 나아가거나 되돌아오는 시선의 왕복이라는
     자신의 비전vision을 제시한다. "영화감독의 자리는 책과 연관된
     작가의 자리와 반대되는 곳이다. 영화에서 우리가 뒷면을 쓴다고
     말할 수 있을까? 내가 보기엔 이와 비슷하게 말할 수 있다. 그에
     다가갈 이조차 판독할 수 없고 어떤 독자도 읽을 수 없는 어둠
     속에서 작가가 버티는 동안, 관객의 자리에서 감독은 자신의
     영화를 보고 읽는다. 이 어둠 저편에 감독은 존재한다. 책을

고다르: 영화는 회귀로부터 시작되었습니다. 우리는 되찾은 시간에서 시작했고, 잃어버린 시간으로 끝냅니다. 문학은 잃어버린 시간에서 시작하고 되찾은 시간에서 끝나지요.[38] 같은 얘긴데, 우리는 두 열차에 타고 있으며 쉬지 않고 교차하고 있는 겁니다. 이게 전 좋고, 당신 같은 분들이—파뇰이 그런 경우죠—기차를 타고 전진하는 게 더욱 마음에 듭니다. 가끔 이들이 귀환하는 열차를 타는 데에 관심을 갖는 경우가 있는데, 저서 때문에 그게 필요한 거죠. 특히 가렐, 외스타슈나 다른 이들이 유려하게 실현하기 어려워한 것을 당

쓴 다음에 영화를 만드는 것은, 만들어질 것에 비추어 자리를 바꾸는 일이다. 나는 만들 책 앞에 있다. 나는 만들 영화 뒤에 있다"("Book and Film," *New Statesman*, janvier 1973 : *Les Yeux verts*, *op. cit.*, p. 102에 재수록). 〈탐정〉 촬영 중에 뒤라스에게 쓴 편지에서 고다르는 이 텍스트를 참조한다(「부록」, 218쪽을 보라). "영화에서는 우리가 뒷면에 쓴다고 말할 수 있을지. 예. 당신의 녹색 눈은 저보다 먼저 그것을 보았습니다."

38   의식적이든 아니든, 여기서 고다르는 앙드레 바쟁의 구상을 다시 취한다. "영화는 시간을 제대로 잃기 위해 그것을 되찾는 기계다"("À la recherche du temps perdu : *Paris 1900*" [1947], *Le Cinéma français de la Libération à la Nouvelle Vague*, Éditions de l'Étoile/Cahiers du cinéma, 1983, p. 242에 재수록). 잃어버린 시간과 되찾은 시간 사이에서 탐색한다는 암시와 언어 유희는 〈영화의 역사(들)〉에 여러 번 나오는데, 1990년대에서 2000년대 사이에 고다르가 만든 다른 영화에도 등장한다. 예를 들어 〈21세기의 기원에 대하여De l'origine du xxie siècle〉(2000)에는 "잃어버린 세기를 찾아서À la recherche du siècle perdu"라는 자막이 등장한다.

신은 유려하게 실현했지요. 심지어 깡총거리면서요! 감명 깊었습니다.

뒤라스: 영화 안에 머물고 영화를 이끄는 것만큼 열광할 만한 대단한 일을 달리 알지 못하네.

고다르: 어려움을 겪으신 적은 없었습니까?

뒤라스: 어려운 적은 한 번도 없었다네!

고다르: 쓰는 일이 더 어려우셨을 겁니다. 저는 쓰는 게 전혀 힘들지 않지만요. 그런데 이게 정상인 셈이죠.

뒤라스: 아닐세, 아니야. 쓰는 일은 어렵지 않네. 그렇게 어렵진 않아, 내 자신을 쓰는 일에 놓아버리니까. 자네가 읽은 『에밀리 엘』은 책의 절반일 뿐이야. 책을 출간할 때 나머지 반을 썼다네. 책을 해체하고, 초고에 에밀리 엘에게서 온 두번째 이야기가 미끄러져 들어가도록 끌어 넣으며 개작해야 했다네.[39] 그래서 발작을 일으키기도 했지. 아직 끝내지 못

39   "[『에밀리 엘』의 초고 집필을] 마쳤을 때, 나는 보름 동안 이
      초고를 간직한 채 스스로를 유폐했다. 너무 괴로웠다. 책이 끝나지
      않은 듯한데 어떻게 끝내야 할지 몰라 원고에서 나를 분리할
      수 없었다. 그러던 어느 날 나는 에밀리 엘이 시를 썼다는 걸
      발견했다. [⋯] 나는 완성된 원고를 회피하지 않았다. 그 책에다
      나는 불타는 시와 에밀리 엘의 저택에서 일하는 젊은 수위와의
      만남에 대한 다른 책을 써넣었다. 그리고 첫 책 속에 그것을
      미끄러뜨렸다"(Marguerite Duras, "Réponses à Jean Versteeg," *Le
      Monde extérieur, op. cit.*, p. 217). 이 글쓰기의 일화를 지우려는 듯,
      『에밀리 엘』은 다음 내용을 발송하며 끝난다. "고치지 말고 글을
      써야 한다고, 나는 당신에게 말했다. [⋯] 글쓰기를 밖에 내다

했기에 계속해야 한다고 편집자에게 말하는 건 정말 고통스러웠거든. 자네는 영화를 포기해야 한 적이 없었나?

고다르: 없었습니다.

뒤라스: 하지만 어디로 갈지 모르는 경우는 늘 생기지. 자네는 어디로 갈지 모르는 채 영화를 시작한 적이 있었나?

고다르: 아마도… 제가 도착했을 때 영화는 망가져 있고 다시 만들어야 하지요.

뒤라스: 그래, 그 영화들을 포기하는군…

[…]

뒤라스: 알겠나, 프루스트는 죽은 자들이 구두점을 찍지. 스완의 고귀한 죽음에, 등장인물의 사망에 그토록 가까이 있는 다른 작가를 나는 알지 못하네. 말하자면 내게 프루스트는 그 중심에 있는 작가라네. 그전에 샤를뤼스도 거의 최후의 광기를, 착란을 일으키지만. 나는 프루스트의 작품에서 되찾은 시간을 발견하지 못하겠네…[40]

> 버리기, 글쓰기를 거의 학대하기, 그래, 글쓰기를 학대하고, 그 무용한 덩어리에서 아무것도 덜어내지 않기, 아무것도, 나머지와 그 전체를 남겨두기, 아무것도 진정시키지 않기, 어떤 빠름도 느림도, 나타난 그 상태 그대로 두기"(*Emily L., op. cit.*, pp. 153~54 〔한국어판 『에밀리 엘의 사랑』, 162쪽, 번역은 옮긴이의 것임〕).
>
> 40 "되찾은 시간temps retrouvé"이라는 구상은 당연히 뒤라스를 만족시키지 못한다. 뒤라스는 숭고한 기억상실, 어렴풋한 유령들, 개인의 삶이 지속하는 시간을 초과하는 집단 기억을 선호한다. "나는 더 일반적이고 역사적인 기억을 신뢰한다. 어린

고다르: 말하자면 제게는, 추억입니다. 그 시간 그대로

오렐리아 스타이너는 자신의 출생에 얽힌 소소한 내용을 모두 알고 있었으리라 생각한다. 아우슈비츠의 〔운동장에 그어진〕 흰 직사각형 안에 머물던 유대인들에게 돌발적으로 우연히 찾아든 그 어떤 잔인성, 모든 또 다른 잔인함이 그녀에게 닥쳤을 수 있기에"(*Les Yeux verts, op. cit.*, p. 88). 뒤라스의 작품에서는 되찾은 시간보다는 "다시 터진retroué" 시간을 말할 수 있을 터이다(Danielle Bajomée, *Duras, ou la douleur*, Duculot, 1999, p. 101 참조). 그래서 뒤라스는 뒤에 가서, 기억의 확정적인 방황을 육화한 〈인디아 송〉의 걸인 여자를 환기한다. 뒤라스의 글쓰기에서 프루스트는, 적어도 지리학에 뿌리내린 상호텍스트성을 암시하는 계열을 횡단하며 큰 자리를 차지하고 있다. 1963년부터 뒤라스는 프루스트가 지내던 방이 있는 트루빌의 로슈 누아르 호텔에 주기적으로 묵었다. "여기, 로슈 누아르 호텔에, 여름이면 오후마다 꽤 나이 든 여자들이 테라스에 모여 이야기를 나눈다. 〔…〕 프루스트가 가끔 이 호텔에 왔다. 누군가는 그를 알았으리라. 바다에 면한 111호 객실이었다. 이곳 복도엔 마치 스완이 머무는 듯하다. 여자들이 아주 젊었을 때, 스완이 저 복도를 지나쳤을 터이다"(*La Vie matérielle, op. cit.*, pp. 14~15〔한국어판은 『물질적 삶』, 윤진 옮김, 민음사, 2019, 15~16쪽. 번역은 옮긴이의 것임〕). 고다르는 〈미녀갱 카르멘〉과 〈오른쪽에 주의하라〉에서 같은 트루빌 해안을 다른 아파트에서 촬영하며 이 지리학을 소환한다. 뒤라스 작품 속 프루스트적 상호텍스트에 대한 여러 연구 중 Stéphane Chaudier, "Duras et Proust: une archéologie poétique," in Alexandra Saemmer et Stéphane Patrice(dir.), *Les Lectures de Marguerite Duras*, Presses universitaires de Lyon, 2005, pp. 93~110을 보라. 뒤라스 공작부인은 『잃어버린 시간을 찾아서』에 잠깐 등장한다. 프루스트의 작중 인물과 마르그리트 도나디외가 선택한 필명의 잠재적 관계는 Stéphane Patrice, "Architexture d'un pseudonyme," in Stella Harvey et Kate Ince(dir.), *Duras, femme du siècle*, Rodopi, 2004, pp. 105~18에서 분석된다.

를 간직하고 있진 못해도, 추억을 가지고 있지요.

뒤라스: 자네는 어쩌면 [프루스트의] 표현만 빌려 쓴 게지?

고다르: 저는 소설을 읽은 뒤엔 윤곽들만 간직하고 기억을 잘 못해요. 우리가 얘기한 "잃어버린 시간을 찾아서"란 제목의 소설에서 사람들, 젊은 여자들과 부인들을 따라갔고… 저는 그들과 함께 있었고, 그들이 열여덟에서 스무 살쯤으로 보였고, 또 그런 풍경 속에 있다가, 어떤 순간에는 어딘가에 도착해서, 정확하지는 않지만 고야의 괴물 그림이나 그 비슷한 무언가를 봤던 것 같아요.[41] 소설에는 말미에 가서 같은 그림이라는 정보가 있었던 걸로 기억합니다. 바보같이 들리겠지만 남아 있는 기억은 그런 것뿐이에요.

되찾은 시간은 그런 것이었어요. 히치콕은 늘 말했죠. 우리는 쇼트 하나를, 장면 하나를 기억한다고. 말하자면 프루스트의 영화 속에서, 저는 그 쇼트를 기억하지요… 플로베르의 『감정 교육』의 이행처럼요. 프레데리크가 있고, 바리케이드가 있지요. 그리고 갑자기 바리케이드로 올라오는 한 병사가 있는데, "프레데리크는 세네칼을 알아보고 눈이 휘둥그레졌

---

41   『잃어버린 시간을 찾아서』에는 고야의 어떤 그림도 등장하지 않지만, 고다르는 〈리어 왕〉에서 라이터 불에 비추어 고야의 "괴물들"(〈검은 그림〉 연작에 등장한다)을 찍은 참이었다[이 대화를 녹화한 이듬해인 1988년부터 고다르가 제작한〈영화의 역사(들)〉에도 고야의〈검은 그림〉연작이 나온다].

다," 마침표, 다음 장. 이건 제가 기억합니다.[42]

〔…〕

뒤라스: 자네 영화 〈왼쪽에 주의하라〉[43]의 촬영에 대해 자네와 얘기하고 싶네.

고다르: 그런데 당신은 정말… 쓰신 글을 보면 계속 표명을 하려고 노력하시는 게 느껴져요. 저보다 훨씬 정치적이십니다.

뒤라스: 어제 저녁에 내가 과연 그런지 자문해봤네. 자넨 여전히 정치적이지, 안 그런가?[44]

42   〔옮긴이〕 이 대담으로부터 삼십여 년이 지난 뒤, 신작 〈이미지 북〉(2019)에 대한 인터뷰에서 고다르는 여전히 『감정 교육』의 이 장면과 다음 장으로의 이행을 인용한다. 프레데리크 모로가 1848년 혁명과 반동을 경험한 뒤 "여행을 했다"는 문장이 이어질 때, 고다르는 마법 같은 몽타주를 발견했고 〈이미지 북〉의 마지막 단락인 '행복한 아랍' 단락의 실마리를 얻었다고 술회한다.
      Stéphane Delorme et Joachim Lepastier, "Ardent Espoir: Entretien avec Jean-Luc Godard," in *Cahiers du Cinéma*, n° 759, Octobre 2019, p. 17.

43   〔옮긴이〕 고다르의 영화 제목 〈오른쪽에 주의하라〉를 뒤라스가 〈왼쪽에 주의하라〉로 잘못 불렀다.

44   〈오른쪽에 주의하라〉라는 제목은, 완성된 영화에서 드러난 것보다 애초에 더 정치적인 의미를 품고 있었다. "〈마이 뉴 파트너Les Ripoux〉〔클로드 지디Claude Zidi가 1984년에 연출한 흥행작으로, 한국영화 〈투캅스〉(1993, 강우석 연출)가 설정을 따온 영화로도 알려져 있다〕가 성공한 뒤, 나는 자크 빌레Jacques Villeret〔〈오른쪽에 주의하라〉의 주연 배우〕를 캐스팅해 두 형사 이야기를 찍고 싶었다. 한 사람은 뚱뚱하고 한 사람은 말랐고,

고다르: 가끔 사르트르를 혹평하시는데, 그에게 유감을
갖고 계시죠…[45]

하나는 좌파고 하나는 우파인. 이 영화를 총선 선거운동이 한창인
1986년 초에 개봉하려 했고, 제목은 '오른쪽에 주의하라'였다…"
(Jean-Luc Douin, "Le regard s'est perdu," entretien avec Jean-Luc
Godard, *Télérama*, n° 1981, 30 décembre 1987 : *Jean-Luc Godard par
Jean-Luc Godard*, t. II, op. cit., p. 122에 재수록). 이 제목은 자크
타티Jacques Tati가 각본을 쓰고 출연한 르네 클레망의 단편 익살극
〈왼쪽에 주의하라Soigne ton gauche〉(1936)를 떠올리게도 한다.

45   뒤라스와 사르트르 사이의 논쟁은 오래된 일화에서 시작되었다.
1979년 대화에서 1939년을 언급하듯(「1979년 대화」, 52쪽을
보라), 고다르는 갑자기 이 일화를 들춘다. 모든 질문자는, 특히
지식인은 대화 속에서 시간적 몽타주 효과를 시도하는 역사의
증인이기도 하다. 1948년 4월, 뒤라스는 공산당 계열 주간지
『악시옹Action』에 "사르트르와 본의 아닌 유머Sartre et l'humour
involontaire"라는 제목의 글을 싣는다. 이 글은, 뒤라스에
따르면 정치적 순진성과 부르주아적 관음주의 등, 무대에 오른
사르트르의 희곡「더러운 손Les Mains sales」이 남긴 아이러니에
대한 비평이다(*C'était Marguerite Duras*, op. cit., pp. 93~95를 볼
것). 뒤라스와 사르트르의 관계는 세간에 알려진 것보다 미묘하다.
뒤라스는 공식적으로 그를 혹평했고, 1984년 10월 TV 프로그램
〈아포스트로피〉에서는 긴 험담까지 했다. 고다르는 틀림없이 이
프로그램을 떠올렸을 터다. "사르트르는 글을 쓰지 않았습니다.
내가 보기에 그는 글을 쓴다는 게 뭔지 몰랐습니다. 그는 늘
부차적이고 중요하지 않은, 간접적인 고민을 했습니다. 그는
순수한 글쓰기를 마주한 적이 없지요. 사르트르는 도덕가입니다.
그는 늘 사회에서, 그를 둘러싼 환경 공간에서 [글을] 끌어왔어요.
정치적, 문학적 환경. 그와 그것을 일컬어 저는 '그가 썼다'고
하진 않습니다." 1969년 말, 사르트르가『인민의 대의*La Cause
du people*』(일간지『리베라시옹』의 모태가 된 신문 형식의
좌파 정기간행물)의 편집장이 되었을 때, 뒤라스는 이 신문을

뒤라스: (함박 웃음을 지으며) 내가 그토록 심한 악평을
한 적은 없는데.

고다르: 때로는 너무 심하시네, 심하시다고 전 생각했죠.

뒤라스: 내가 뭐라고 했단 말인가? 그는 위대한 작가
라고…

고다르: 아니에요. 간단히 말씀하셨어요, 그는 작가가
아니라고.

뒤라스: "강제수용소 없는 나라의 솔제니친?"

고다르: 네, 하지만 그건 하나의 경구일 뿐이죠. 제가 여
러 사람에 대해 얘기한다고 하셨는데요, 그 말씀 때문에 생각
이 났습니다.

뒤라스: 자네가 하려는 말은 그러니까, 그는 작가가 아
니라고 내가 말했다는 건가?

고다르: 들라누아Jean Delannoy나 스필버그를 가리켜 저
는 "영화창작자가 아니고, 영화 만드는 장인이다. 영화창작

향한 정부의 검열에 항의하는 조직에 가입했다. 고다르는 다른
지식인들처럼 길에서 『인민의 대의』를 팔았고, 비판적인 태도를
계속 견지하면서도 사르트르를 정기적으로 만났다. "이 남자는
하루 중 열 시간을 플로베르에 대해 쓰며 보내고, 세 시간을 국영
탄광회사를 비난하는 글이나 『인민의 대의』 기사를 쓰며 지낸다.
사르트르는 플로베르가 담긴 서랍, 계급투쟁을 담은 서랍을 따로
갖고 있지만, 책상에 대해 모른다"(1972년 4월 27일 자 『폴리티크-
에브도Politique-Hebdo』에 실린 인터뷰로 Godard. Biographie, op.
cit., p. 487에 인용됨).

자가 아니다"[46]라고 했죠. 사르트르에 관한 말씀과, 스필버그를 예로 들어 제가 한 얘기가 흥미롭게도 겹쳐 보입니다.

뒤라스: 한데 그가 문학 작품을 본격적으로 썼다 할 순 없지! 그의 연극은 교조적이고, 경향성이 짙네.

고다르: 그가 협업한 영화들은 더 보잘것없지요. 하지만…

---

46   "어느 날 들라누아[〈매그레 반장Maigret tend un piège〉(1958) 등 대중영화로 유명한 프랑스 감독]가 비양쿠르Billancour 스튜디오에 작은 서류가방을 들고 들어오는 걸 보았다. 그는 마치 보험회사에 들어오는 듯 보였다"(*Godard par Godard. Les années Karina, op. cit.*, p. 59). 스필버그에 대한 고다르의 비판은 특히 1993년 〈쉰들러 리스트Schindler's List〉 개봉 이후 줄기차게 이어졌다. 세간의 평과 달리 고다르는, 할리우드식으로 수용소 세트를 지어 아우슈비츠를 재현했다고 스필버그를 비판하지는 않았다("Lettre à un ami américain," *Jean-Luc Godard par Jean-Luc Godard*, t. II, *op. cit.*, p. 344를 보라). "영화란 재현이다. 재현하는 행위가 나쁜 일은 아니다. 문제는 이것이다. 어떻게 재현하는가? 스필버그가 강제수용소를 재현했다고 비판하는 게 아니라, 그런 식으로 재현했기에 비판하는 것이다[예를 들어, 고다르는 〈쉰들러 리스트〉 속 샤워실 장면에서 독가스 대신 물이 나와 죽음의 위기에 처했던 유대인들이 살아남는 사건을 가리켜 사료나 근거가 있는 재현인지 의심스럽다며 여러 차례 비판했다]. 들라누아가 『목걸이 없는 길 잃은 개*Chiens perdus sans collier*』[가톨릭 종교운동에 참여한 우익 소설가 질베르 세스브롱Gilbert Cesbron의 소설]를 영화화했다고 비판하는 게 아니라, 그런 영화를 만들었기에 비판하는 것이다(Alain Bergala et Serge Toubiana, "Parler du manque," entretien avec Jean-Luc Godard, octobre 1996, *ibid.*, p. 371).

뒤라스: 그는 엄청난 양을 써재꼈지! 무가치로 점철된 이력이랄까.

고다르: 네, 그래요. 하지만 들어보세요. 좀 과장하신 게 있어요.

뒤라스: 그런 감이 있지. 내게 인상 깊었던 점은, 이 시대와 세기에서 그가 가장 비겁한abandon 작가, 아니 가장 부유한abundant 작가란 걸세! 아, 크노Raymond Queneau는 이런 이들을 "억만장자 작가"라 불렀지!

고다르: 아니요, 그 얘기가 아니라 뭔가 다른 게 있습니다. 그는 걸맞은 자리에 있지 않았어요.

뒤라스: 자신의 자리를 찾는 시도를 오래 했잖나!

고다르: 좋아하실 리 없는 철학에 관한 것이 거기엔 있기도 하지요. 저는 자신을 철학에 더 가깝다고 간주하고, 철학 때문에 작가들을 존중합니다.

뒤라스: 자네 키르케고르를 읽었나?

고다르: 네.

뒤라스: 『두려움과 떨림Crainte et tremblement』[47]은 읽었나?

고다르: 네, 젊을 때 읽었습니다만, 전체를 속속들이 봤다기보단 그저 읽었다고 해야겠습니다.

---

47   1981년 작〈뒤라스가 영화를 찍는다Duras filme〉[〈아가타와 끝없는 독서〉 촬영 현장을 소재로 했으며, 시나리오 작가 출신인

뒤라스: 너무 젊을 때 읽었군!

고다르: 네, 하지만 한 번 채운 바구니는 오래가는 법이죠.

뒤라스: 그런 격언은 스위스식인가. 나는 처음 들어보네.

고다르: "한 번 채운 바구니." 이제 저는 그 끝에 이르렀고, 좀 외롭다고 느끼기도 하지만 사실 그걸로 충분하다고 생각합니다. 이 모든 것들을 저는 읽었고, 알고 있고, 기억합니다. 『유혹자의 일기*Le Journal du séducteur*』는 영화로 만들고 싶었지요![48] 첫 영화로 만들고 싶었던 건 카뮈의 작품 중 『페

제롬 보주르Jérôme Beaujour와 뒤라스의 아들인 사진작가 장 마스콜로Jean Mascolo가 공동 연출했다. 러닝타임이 오십 분인 이 다큐멘터리는 〈아가타…〉와 함께 극장에서 상영되기도 했다. 이 영화 속 뒤라스의 인터뷰는 「1979년 대화」 39쪽 각주 25에 소개된 대로 책으로도 묶였다〕에서 뒤라스는 『두려움과 떨림』을 인용했다. "그 누구도 〔욕망이〕 무엇인지 모릅니다. 그것은 우리가 그 본성을 알지 못하는 근원적 힘의 충동입니다. 『두려움과 떨림』에서 키르케고르는 아브라함의 충동에 대해 말합니다. 아시다시피, 아브라함은 아들을 죽이라는 신의 명령을 받고, 전적으로 앞을 보지 못하는 완벽한 어둠 속에서 그 명령 때문에 아들을 죽여야 하지요. 저는 우리가 욕망이라 부를 수 있는 것에 아브라함이 가장 가까이 다가갔다고 생각합니다"(*Duras filme, op. cit.*, p. 50). 뒤라스의 작품에서 키르케고르의 중요성에 대해서는 Françoise Barbé-Petit, *Marguerite Duras au risque de la philosophie*, Kimé, 2010, p. 180을 보라. "뒤라스에게 글을 쓰는 행위는, 침묵과 공포 속에서 항의도 대꾸도 못 하고 끔찍하고 가증스러운 명령에 복종하는 아브라함에게 어떤 면에서는 가장 가까이 가는 일이다."

48   키르케고르의 『유혹자의 일기』는 누벨 바그의 맏이였던 에릭 로메르의 첫 단편 〈어느 악당의 일기Journal d'un scélérat〉(1950)의 구상에 영향을 미쳤다. 현재 이 영화는 유실되어 볼 수 없다.

스트*La Peste*』가 아니라 『시지프 신화*Le Mythe de Sisyphe*』였어요… 프로듀서들에게 그렇게 제안을 했지요!

〔…〕

고다르: 누벨 바그 시절에 우리는 좋은 것과 나쁜 것을 이야기했지요. 우린 사람들을 몰랐고요. 사람들을 인터뷰할 생각도 하지 못했어요. 신문사에서 일하는 경우를 제외하면요. 한데 저는 인터뷰 대부분을 지어냈어요.[49] 제가 사람들을 존중하는 방식은, 지어낸 걸 그들에게 보여주면서 "이걸 모두 제가 지어냈는데, 불편하시지 않습니까?" 하고 얘기하는 거였죠. 어쩌면 우리는 작가들에게 말할 수 있지만, 작가들은 책 속에서 말하고, 아마도 거기엔 유일하고 다른 뭔가가 있기 때문일 겁니다. 이런 관점에서 볼 때, 사르트르는 확실히 작가가 아니라고 말할 수 있겠지요… 그런데 제가 읽은 책의 저자를 카페에서 만난 것은 처음이었는데, 어느 날 카페에서 담배를 피우거나 뭔가를 하는 그 누군가가 『구토*La Nausée*』를 썼다는 걸 알게 되었죠. 작가로서 천부적 재능이 없는 사람 작품치고 그 책이 그리 나쁘진 않다고 저는 생각합니다. 제가 읽기 좋아하는 사르트르의 책은 『도덕을 위한 노트*Cahier pour*

---

49   예를 들어 고다르는 로베르토 로셀리니와의 인터뷰를 지어냈다.
      "Un cinéaste, c'est aussi un missionnaire. Jean-Luc Godard fait
      parler Roberto Rossellini," *Arts*, n° 716, 1 avril 1959: *Godard par
      Godard. Les années* «Cahiers», *op. cit.*, pp. 229~31에 재수록.

une morale』입니다.[50]

뒤라스: 나는 『상황*Situations*』을 되풀이해 읽는다네…[51]

고다르: 피보의 프로그램에 출연한 듯 말한다면, 저는 『상황』의 어떤 글들이 당신의 글들과 비슷하다고 봅니다. 논란의 여지가 있어요.

뒤라스: 하지만 기법은 전혀 다르다네!

고다르: 하지만 저는 그 시기를 모르니까요.

뒤라스: 그는 조악하지 않지만, 나는 조악해지길 바란다네.

고다르: 하지만 영화는 다른 무엇이지요. 〔…〕볼 수 있

50   "사르트르의 『도덕을 위한 노트』를 저는 조금씩 자주 읽습니다. 『존재와 무』는 계속 읽지 못하고 덮는데, 이 책은 계속 읽게 됩니다. 문학과 정치, 회화에 대한 질문을 던지기 때문입니다. 사르트르가 틴토레토Tintoretto와 볼스Wols, 장 포트리에Jean Fautrier의 그림을 말할 때, 그는 미술비평가들이 이야기할 줄 모르는 것을 이야기합니다. 비평가들이 그림에 대한 글을 쓸 때, 사르트르는 그림으로부터, 그림에서 오는 것에 대한 무언가를 씁니다. 『도덕을 위한 노트』는 훌륭합니다. 갑자기 철학을 말하고 '끈적끈적한 종합la synthèse visqueuse'이라는 표현을 쓰는데, 독자는 두 살짜리 아이처럼 어떤 소음이나 말을 붙들고 이해하지 못하면서 이해하는 느낌을 갖습니다…"(Robert Maggiori, "Quand j'ai commencé à faire des films, j'avais zéro an," entretien avec Jean-Luc Godard, *Libération*, 15 mai 2004).

51   1984년 〈아포스트로피〉에 출연했을 때도 뒤라스는 거의 같은 말을 했고, 『상황』에서 자신이 높이 평가하는 부분이 더스패서스Dos Passos와 포크너를 다룬, "미국 문학" 관련 내용이라고도 밝혔다.

지만, 사람들은 보기보다는 나쁜 것을 이야기하길 선호하지요. 제가 늘 드는 예는, 강제수용소입니다. 사람들은 보여주는 것보다 "결코 다시는Jamais plus!"이라고 이야기하는 걸 원해요.[52] 보여주는 걸 바라지 않죠, 보여주는 걸 원하지 않아요.

뒤라스: 보여주었다네!

고다르: 그렇지 않습니다. "결코 다시는!"이라 얘기하는 걸 선호했죠.

[52] 고다르가 '쇼아'('재앙'이라는 뜻을 지닌 히브리어. 신에게 바치는 '번제'를 의미하는 '홀로코스트'가 인종 청소를 정당화하는 용어가 될 수 있음을 우려한 유대 공동체 등에서 나치의 대량 학살을 달리 일컫기 위해 쓰기 시작했으며, 클로드 란츠만Claude Lanzmann의 같은 제목의 영화로 익숙해진 개념이다)를 언급한 첫 영화는 〈결혼한 여자〉(1964)다. 마리나 블라디(실제로는 마샤 메릴)가 분한 샤를로트의 남편이 독일로 가 아우슈비츠 책임자의 재판을 방청한다. 그는 피고인의 망각 능력에 아연실색하여 돌아온다. 나중에 샤를로트는 애인과 함께 알랭 레네의 〈밤과 안개Nuit et Brouillard〉가 상영되고 있는 극장에 우연히 들어간다. 그들은 첫 장면들을 보자마자 극장을 뜬다. 이미 보여주기엔 늦었기에, 망각이 고다르의 작품을 창조했다. 1980년대 말부터 이러한 부재는 고다르가 영화를 정의하는 중심 요소 중 하나가 되었다. 다음은 1998년의 예다. "기억하십시오, 영화는 강제수용소를 예언했습니다. 〈게임의 규칙La Règle du jeu〉(1939, 장 르누아르 연출), 〈독재자The Great Dictator〉(1940, 찰리 채플린 연출)… 하지만 영화는 강제수용소를 보여주지 않았습니다. 수용소를 보여주는 일은 문학이 했습니다. 영화는 제 사명을 성취하지 못했고, 숙제를 완수하지 못했습니다"(*Jean-Luc Godard par Jean-Luc Godard*, t. II, *op. cit.*, p. 439).

뒤라스: 아니야, 그렇지 않아!

고다르: 하지만 그렇습니다! 일 년 전에도, 대학생들이 교육부 모 관료를 반박하며 행진을 했지요. 68 이후 십 년, 이십 년이 지난 뒤 학생들은 "결코 다시는!"이란 구호를 다시 외쳤습니다.

뒤라스: 그렇지 않아, 그건 아를렘 데지르Harlem Désir 〔1984년 반인종주의 운동단체 SOS 인종주의SOS Racisme를 설립한 인권운동가 출신 프랑스 정치인〕가 이미 썼던 것이니 말일세![53]

고다르: 그 구호가 이미 썼던 거라는 걸 아무도 말해주지 않았죠. 마치 되풀이해 이야기한 듯…

[53]   고다르는 1986년 대학가의 드바케 법안 반대 시위를 환기한다
        〔1986년 첫 좌우 동거 정부 시기에 교육부 장관 대행 알랭
        드바케Alain Devaquet는 "대학 경쟁력 강화"를 위한 대학 신입생
        선발 권한 및 등록금 인상 자율화 등을 추진했다. 그러나 학생
        수 증가로 인한 교육 질 저하 및 등록금의 대폭 인상을 우려하는
        고등학생과 대학생 들의 대규모 시위 등 사회적 저항에 부딪치자
        자크 시라크 내각은 관련 법안 상정을 취하했다. 같은 해 12월 6일
        라탱가 시위 중 대학생 말리크 우세킨Malik Oussekine이 공권력의
        폭력 진압으로 사망한 사건은 드바케 법안 무효화에 결정적인
        역할을 했다〕. 경찰이 알제리계인 우세킨을 죽이자, "결코 다시는
        안 돼Plus jamais ça"라는 기치 아래 항거의 날이 조직되었다.
        반인종주의 운동 연합 '결코 다시는'은 1986년 시위 군중 속에서
        'SOS 인종주의'에 대한 일종의 대안으로 탄생했다(다음 대선이
        있을 "1988년에 우리는 이것을 기억하리라"라는 구호가, 고다르가
        주시한 '결코 다시는'을 뒤따랐다).

뒤라스: 이미 썼다는 건 중요하지 않네!

고다르: 그래요! 하지만 "사느냐 죽느냐"가 이미 사용되었다는 건 알 수 있습니다. 더 이상은 아예 "결코 다시는"이 없는 걸 알면서, 그다음 날부터 "결코 다시는!"이라 바로 이야기하는 게 놀라웠어요.

뒤라스: 그 논쟁이 거슬리긴 하지만, 그것만으로 대학생들의 행동을 규탄하기는 어렵네.

고다르: 사람들은 "이건 존재한 적이 없어!"라 이야기하려고 책을 쓰는 편을 선호하죠. 그러면 다른 책은 "하지만 그건 잘못 알려진 것이고, 이건 언제나 존재해왔어!"라고 이야기하지요. 사람들은 보여주느니 이러는 편을 선호합니다. 보여주는 것으로 충분한데 말이죠. 비전은 여전히 존재하는걸요! 자동차 바퀴에 바람이 빠졌을 때, 타이어에 바람을 채우는 걸 수리 기사에게 굳이 보여주며 바람이 빠진 걸 알리지는 않잖아요.

뒤라스: 하지만 〈쇼아Shoah〉에서는 보여준다네![54]

54   1976년부터 촬영한 클로드 란츠만의 〈쇼아〉는 마르그리트 뒤라스의 〈아이들〉이 개봉하기 한 달 전인 1985년 4월 개봉했고, 『카이에 뒤 시네마』는 1985년 7, 8월 합본호인 374호에서 두 영화를 함께 다루었다. 이 대화가 있던 해인 1987년에 텔레비전에서 〈쇼아〉를 방영했다. 〈쇼아〉에 아카이브 자료 화면을 쓰지 않은 란츠만은, 뒤라스가 만든 두 편의 〈오렐리아 스타이너〉가 수용소를 재현하지 않은 것과 같은 선택을 했다. 란츠만은 자신의 영화를 연출하며 현재만 보여준다(생존한

고다르: 그[란츠만]는 아무것도 보여주지 않아요. 독일인들만 보여주죠. 아무것도 보여주지 않습니다.

뒤라스: 아닐세, 보여준다네!

고다르: 보여주었어야 하지만, 이십 년 뒤에야 몇 가지 것들을 보여주었죠.

뒤라스: 그는 땅의 구멍, 언덕, 깊고 큰 구덩이들을 보여주고, 오솔길을 보여주고, 생존자와 도로, 눈, 추위를 보여주네. 항상 보여주지![55]

고다르: 그가 항상 보여준다고 말씀하시는데, 그는 영화를 만들었죠… 클레망도 나중에 〈철로변 전투La Bataille du

증인들, 평범하고 특징 없는 특정 장소의 현재 모습). 뒤라스는 여러 여성들이 공유하는 이름인 오렐리아 스타이너 이야기와 상관없는 풍경과 하늘, 실내만 보여준다. 그들 중 한 여성은 절멸수용소에서 죽는다. 〈오렐리아 스타이너(밴쿠버)〉에서 수용소 이미지의 부재를, 손글씨를 읽을 수 있는 흰 종이를 찍은 한 쇼트가 해석한다. "당신의 마지막 시선이 머문 장소인 수용소 운동장의 흰 직사각형에서 나는 영원을 지닐 뿐, 영원에 맞서 아무것도 할 수 없습니다."

55 [옮긴이] 〈쇼아〉 제작 과정에 대한 근년의 연구들은, 영화의 이러한 미학적, 윤리적 결정의 중심에 편집자인 지바 포스텍이 있었음을 새롭게 조명하고 있다. 예를 들어, 국내에서도 상영된 다큐멘터리 〈지바 포스텍: 〈쇼아〉의 편집자Ziva Postec. The Editor Behind the Film *Shoah*〉(2018, 캐서린 허버트Catherine Hebert 연출)는, 트레블링카 수용소 자리엔 아무것도 없으며 십년에 걸친 제작 기간 동안 인터뷰도 할 만큼 했기에 찍을 소재가 고갈되었다고 낙담한 란츠만에게 "아무것도 없는 걸 찍어오라"고 포스텍이 주문하는 일화를 언급한다.

rail〉를 만들었죠.[56]

뒤라스: 〈철로변 전투〉보단 낫지! (클레망은) 너무 많이 보여줬고, 관객은 전혀 머리 쓸 일 없이 영화가 끝났어. 한편 〈쇼아〉는 일종의 출발이었지… 사람들은 이미지에 압도되어 있었네.

고다르: 그런 면이 있었지요. 하지만 월요일마다 텔레비전에서 그 영화를 방영해주진 않아요, 마르그리트!

뒤라스: 아니, 그건 다른 얘기잖나!

고다르: 저는 지금 그 얘길 하는 겁니다.[57]

---

56   르네 클레망의 〈철로변 전투〉(1946)는 전후 레지스탕스를 다룬 최초의 영화 중 한 편이었다. 한데 여기서 고다르는 양가적 의미로 클레망을 호명한다. 클레망은 뒤라스의 텍스트를 영화화한 첫 연출자였다. 1958년에 클레망이 감독한 영화 〈태평양을 막는 제방〉을 뒤라스는 싫어했다.

57   고다르는 〈쇼아〉에서 "본다는 행위"가 이중으로 "부재함"을 지적하며, 란츠만의 영화와 뿌리 깊은 대립을 표명한다. 이 대립을 조르주 디디-위베르만Georges Didi-Huberman은 『모든 것을 무릅쓴 이미지들Images malgré tout』(Les Éditions de Minuit, 2003, pp. 157~87)〔한국어판은 『모든 것을 무릅쓴 이미지들』, 오윤성 옮김, 레베카, 2017, 195~232쪽〕에서 간추려 소개하며, "이 영화들에서, 이미지와 역사 사이에서 창조된 관계의 두 가지 윤리"가 "매우 긴 시처럼 지면의 흐름 속에서 다시 형성된" 책을 각각 내게 한 점을 특히 주목한다(Shoah, Fayard, 1985 ; Histoire(s) du cinéma, Gallimard, 1998). 한편, 고다르와 뒤라스가 서로 이해할 수 없다는 견해를 교환한 것은 〈히로시마 내 사랑〉의 도입부에서 연인들의 대화가 주는 울림을 변형한 듯 여길 수 있겠다. "당신은 히로시마에서 아무것도 보지 못했어. —나는 모두 봤어, 모두."

뒤라스: 나는 자네가 란츠만에 대해 직접적으로 말하는 거라 생각했네.

고다르: 그 영화가 1945년에 방송되진 못했으니까요. 프랑스 국영방송ORTF이 개국한 이래 〔쇼아를〕 말하는 첫 영화도 아니었고요. 〔그 점을〕 고려할 수 있을 텐데요…

뒤라스: 당연히 개국을 위해 작업한 게 아니었으니까.

고다르: 제가 이야기한 게 그겁니다. 사람들이 말하기를 선호한다는…

뒤라스: 영화가 보여지지 않았다고 해서, 만들어진 적이 없다고 말할 수는 없네. 물론 그걸 보여주기 위해 십 년을 보냈고, 행동 개시가 정말 어렵기는 했지만 말일세. 하지만 현재 프랑스에서 보여졌지 않나!

고다르: 조금 보여지긴 했죠.

뒤라스: 그럼, 그렇고 말고!

고다르: 〈슬픔과 동정Le Chagrin et la Pitié〉이 드물게 보여진 것처럼 말이죠.

뒤라스: 들어보게, 자네도 영화를 볼 때면 마찬가지야. 이제 나는 〈쇼아〉 전편을 봤네. 내가 봤듯 다른 사람들도 그 영화를 보았고. 영화는 자신에게 스며들고 자신으로부터 나오지. 내게 이 영화는 확고한 참조가 되었고, 보여지지 않았다는 말에 동의하기 힘드네.

고다르: 하지만 그건 사실과 다릅니다! 그 영화가 보여

154

졌다면, 바르비를 저런 식으로 심판하진 않았을 터이고, 그런 일은 일어나지 않았을 겁니다![58]

뒤라스: 그 얘길 다 하진 말자고, 왜냐하면⋯

고다르: 우리가 그 이야기를 하다 다투면 재미있어질 텐데요.

뒤라스: 우리는 다투는 게 아닐세.

고다르: 네, "다투는 건" 아니지요. 한데 저는 68년 5월 당시에 '운동권militants 영화'로 불린 작품들이 보여지지 않았

---

58   나치 장교였던 클라우스 바르비Klaus Barbie[많은 유대인들을
      강제수용소로 이송해 "리옹의 도살자"라고 불린 나치 전범.
      반인권적 범죄를 저지른 혐의로 공소시효를 배제한 재판을 받고
      1991년 리옹 교도소에 수감되어 있던 중 죽었다)가 1987년
      5월에서 7월까지 리옹에서 재판을 받은 참이었다. 1971년에
      〈슬픔과 동정〉을 연출한 마르셀 오퓔스Marcel Ophüls 감독은
      바르비에 관한 다큐멘터리 〈테르미뉘스 호텔Hôtel Terminus〉을
      1988년에 발표한다. 고다르는 2000년에 오퓔스에게 영상 대담을
      제안한다(같은 시기에 고다르는 베르나르-앙리 레비와 클로드
      란츠만에게도 비슷한 제안을 했다). 이 제안은 모두 실현되지
      못했으나, 오퓔스와 고다르의 대담은 2009년 다른 기회에
      이루어졌다(Jean-Luc Godard et Marcel Ophüls, *Dialogues sur
      le cinéma*, Le Bord de l'eau, 2012 참조). 클라우스 바르비의
      변호사 자크 베르제Jacques Vergès는 1987년 재판 증인 명단에
      마르그리트 뒤라스를 포함시켰다. 당시 프랑수아 미테랑과
      가까웠던 뒤라스가 비시 괴뢰정부와 맺었던 관계를 이용해 정치적
      도발을 하려는 목적이었다(뒤라스는 1986년 『로트르 주르날』에
      미테랑과의 연속 인터뷰를 실었다). 베르제의 출두 요구에
      응하길 거부한 뒤라스는 재판에 나타나지 않았다(Paul Gauthier,
      Chroniques du procès Barbie, Cerf, 1988, p. 34를 보라).

던 게 문제라고 생각합니다. 그것들은 보여지지 않았어요!

뒤라스: 감옥 안을 우리가 본 적이 있나? 결코 없다네!

고다르: 본 적이 없지요! 우리는 공장 안을 본 적도 없지요. 한데 지금 우리가 그것들을 봤다고 말씀하고 계시잖아요.

〔…〕

뒤라스: 아닐세, 들어보게. 정확한 말로 얘기하세. 자네는 비난하고 싶어서 일부러 범주들을 뒤섞는 경향이 있는 게 아닌가 싶네.

고다르: 하지만 저는 범주 밖에서 말하고 있습니다. 그 영화가 흥미롭지 않다고 얘기하는 게 아니고요!

뒤라스: 아니야, 자네는 뒤섞고 있어.

고다르: 저는 그 영화가 1945년에 만들어진 게 아니라고 말하고 있어요. 우리는 거기서 원하는 것을 듣지요.

뒤라스: 그가 보여주지 않았던 걸 자네는 본질로 파악하고 그가…

고다르: 그건 아니에요, 꽤 보여주었어요. 비교적 잘 보여주었죠.

뒤라스: 바르비 이전엔 아주 조금만 보여주었네, 아주 조금이었어!

고다르: 예를 들어 TF1 채널〔ORTF의 후신〕에선 잘 보여주었죠!

뒤라스: 바르비 재판 이전에는 거의 보여주지 않았

대도!

고다르: 한데 삼십 년이나 기다려야 했다니 정말 놀랍
지요…

뒤라스: 그러게나 말일세. 미칠 노릇이야!

고다르: 네, 제 말이 바로 그 말입니다.

뒤라스: 어쨌든 그는 십 년 걸려 영화를 만들었잖나. 그
런데 자네는 영화를 보고 얘기하는 겐가? 〈쇼아〉를 보았나?

고다르: 네, 비디오테이프로 보았습니다. 테이프를 샀
어요.

뒤라스: 전편을 보았나?

고다르: 거의 다 보았습니다만, 조금씩 나누어 봤어요.
혼자서 봤지요. 사실, 저는 부역자 가문 출신입니다.[59] 관련
도서들을 모으기도 했어요. 강제수용소에 관해 베르나다크
가 쓴 책을 다 읽은 몇 안 되는 사람이 저일 거라 확신하고, 폴
리아코프나 다른 책들도 많이 읽었습니다.[60] 저는 라카즈가

---

59   고다르는 "부역자 가문"이라고 말하는데, 고다르의 외조부만
      확실히 패탱 괴뢰정부에 협력한 반유대주의자였던 듯 보인다.
      고다르는 외조부가 『나는 편재한다*Je suis partout*』[1941년부터
      나치와의 협력 및 반유대주의를 기치로 내걸었던 프랑스
      주간지]와 뤼시앵 르바테Lucien Rebatet의 반유대주의 서적을
      읽던 일을 자주 떠올린다. *Godard. Biographie, op. cit.*, p. 30 참조.

60   〔옮긴이〕크리스티앙 베르나다크Christian Bernadac는
      절멸수용소를 비롯한 나치의 전쟁 범죄를 취재한 여러 저서로
      1960~70년대에 명망이 높았던 프랑스 기자이자 작가다. 레온

쓴 『터널』을 꼭 영화로 만들고 싶고, 스타이네르의 트레블링
카에 대한 책도 영화화하고 싶습니다.[61]

뒤라스: 처음 말한 책은 나도 본 듯하네.

고다르: 하지만 제가 만일⋯

뒤라스: 그런데 자네가 이 책(『에밀리 엘』)을 영화로 만
들어야 한다면 어떻게 하겠나?

고다르: 『연인』을 영화로 만들고 싶다고 제가 청한 적이
있지만, 거절하셨지요.

뒤라스: 아, 그게 아니야. 내가 자네에게 만들라고 청하
겠다는 게 아닐세.

고다르: 클로드 베리Claude Berri에게 돈을 많이 받고 파
시는 게 더 낫지 않겠습니까.

폴리아코프Léon Poliakov는 러시아 출신의 프랑스 역사가로,
쇼아와 반유대주의를 주로 연구했다.

61 앙드레 라카즈의 소설 『터널』은 1978년 쥘리아르 출판사에서
간행되었다. 고다르는 여러 인터뷰에서 이 작품을 영화로
옮기고 싶다는 욕구를 밝혔는데, 1985년에 그가 말한 바에
따르면 강제수용소에 관한 "드물게 기꺼운 책" 중 하나이기
때문이었다(*Jean-Luc Godard par Jean-Luc Godard*, t. I, *op. cit.*, p.
603). 또 1980년에는 "강제수용소에서의 동성애를 알 수 있는
최초의 책이며, 활기로 가득하여 끔찍하고 두려운 수용소임을
완전히 잊게 한다. 르누아르가 영화화했을 만하다"고 했다(p. 453).
1966년에 나온 장-프랑수아 스타이네르의 『트레블링카』는 역사적
사실과 허구를 혼합한 까닭에 논쟁을 야기했다(출간 당시에
스타이네르의 책을 비판한 이들 중에는 클로드 란츠만도 있었다).

뒤라스: 만일 자네가 영화로 만들어야 한다면…

고다르: 제가 영화로 만들겠다고 청한 게 무례한 짓이었죠. 거절하시길 잘하셨어요. 잘된 일이에요. 저는 어떻게 해야 할지 몰랐을 테니까요.

뒤라스: 자네 제안을 거절하며 마음이 편치 않았네. 그리고 자네는 이렇게 얘기했지. "그래도 제가 『연인』을 영화로 찍어버리면 어떻게 하시겠어요?"라고 말이야.

고다르: 아니요, 저는 당신이 영화화하지 않을 거라고 내기를 했지요, '연인amant'과. 제가 말실수를 했네요! **친구ami**와 내기를 했습니다. 친구는 만족할 겁니다. 저는 당신이 영화화하지 않을 것에 걸었는데, 저도 반은 땄군요.

뒤라스: 하지만 난 벌써 시나리오를 반이나 썼다네.[62]

---

62   고다르는 마랭 카르미츠를 중재자로 세워, 뒤라스에게 『연인』의 영화화 가능성을 타진했다. 그러나 뒤라스는 제작자에게 막대한 금액을 요구했다(*Jean-Luc Godard, tout est cinéma, op. cit.*, p. 587을 보라). 고다르의 비유에 따르면, 『연인』의 영화적 운명은 이윽고 진정한 "왕복" 운동이 되어버렸다. 1987년 8월, 뒤라스는 자신의 소설을 영화화할 권한을 제작자 클로드 베리(〈마농의 샘Manon des sources〉 등을 연출한 감독 겸 배우, 제작자로 시네마테크 프랑세즈 대표를 지내기도 했다)에게 넘겼다. 베리와 함께 『연인』을 읽고 해설한 작업은 첫 시나리오 「"연인'이라는 영화Le Cinéma de L'Amant」라는 결과물이 되었고, 고다르와 이 대화를 진행하고 이 주 뒤인 12월 20일에 초판이 완성되었다. 그동안, 베리는 영화감독 장-자크 아노가 이 영화 연출 제안을 받아들이도록 만들었다. 이 협업이 불가능한 것으로 판명되자 뒤라스는 1988년 5월 이 프로젝트에서 손을 떼고 자신이 윤곽을 잡았던 시나리오의 권리를

고다르: 그런데 시나리오는 이미 다 된 거 아닙니까!

뒤라스: 완전히 똑같은 내용은 아닐세, 벌써 다 된 거라면…

고다르: 그들은 미국 영화를 한 편 만들겠죠!

뒤라스: 그렇다네!

고다르: 미국 영화라 함은, 〈마지막 황제The Last Emperor〉〔1987, 베르나르도 베르톨루치 연출〕처럼, 중국 배우가 모두 미국인이 되어 있는 거죠.

뒤라스: 멋지고 젊은 이탈리아 남자처럼 아주 잘생긴 중국 남자 배우가 있다네, 젊은 이탈리아 남자와 좀 비슷한… 베르톨루치 영화에도 그 배우가 캐스팅되었어야 한다고 생각하네…

고다르: 네, 인기 배우를 캐스팅하실 셈이군요…

뒤라스: 아니, 그런데 난 자네에게 **이론적으로** 묻는 걸세. 〔『에밀리 엘』의〕 이 이야기를 자네는 받아들이겠나? 세 가지

다시 확보하고 〔아노의 영화에〕 타격을 주기 위해, "'연인'이라는 영화"라는 제목을 유지한 새 소설을 쓴다. 이 소설은 1991년 6월 "북중국의 연인L'Amant de la Chine du Nord"이라는 제목으로 갈리마르에서 출간된다. 장-자크 아노의 영화는 1992년 1월 개봉하여 흥행에 크게 성공한다(*C'était Marguerite Duras*, op. cit., pp. 924~30; *Le Cinéma de L'Amant*, CD audio, Éditions Benoît Jacob, 2001; *L'Amant, ou le fantasme d'un film*, extraits vidéo des lectures de Duras, DVD accompagnant le no 3 de la revue Initiales, École nationale supérieure des beaux-arts de Lyon, 2013을 보라).

이야기가 있는데, 자네는 따라오지 못할 걸세.

고다르: 제가 할 수 있었던, 혹은 하고 싶어 하고, 그걸 원했던 시기가 있었다고 생각합니다… 그리고 그렇게 되진 못하고, 함께 만나 서로 알게 되길 원했던 거죠.

뒤라스: 내가 영화화할 엄두조차 내지 못한, 한 권의 책이라네.

고다르: 네, 알겠습니다. 저도 동의합니다. 그건 잘된 일입니다. 글을 쓰실 때 웃기도 하시나요? 사람들은 글을 쓰면서 웃습니까?

뒤라스: 울기도 한다네.

고다르: 네, 영화 촬영을 하면서 울기도 하지요. 한데 저는 촬영하면서 웃어본 적은 없는 듯해요. 그래서 조금이라도 재미있는 일을 하고 싶어서, 저는 가끔 배우로 나서기도 한답니다.[63]

[…]

고다르: 한데 우리가 여기서 왜 다투는 거죠? 강제수용소를 다룬 영화를 사람들이 방송한 적 없다고, 정확히는 텔레비전에서 월요일마다 방영한 적이 없다고 저는 말씀드린 겁

---

63   〈블라디미르와 로자〉(1970)부터, 고다르는 자신이 연출한
       영화에서 정식으로 연기하거나 목소리 출연으로 참여했다. 그런데
       〈미녀갱 카르멘〉부터는 그의 출연이 코미디에 더 가까워졌다.
       〈리어 왕〉과 〈오른쪽에 주의하라〉로 그의 코미디 연기는 이어진다
       (「1987년 대화」, 108~109쪽 각주 4와 118쪽 각주 15를 보라).

니다.

뒤라스: '사람들on'이란 말을 쓰지 말아야 해. 내 생각엔, "사람들" "사람들이 방송한 적이 없다"고 하면 란츠만이 너무 늦게 영화를 만들었단 말이 되지 않나…

고다르: 그렇다면 〔주어를 바꾸어〕 "텔레비전이 방영한 적이 없고요." 란츠만은 영화를 너무 빨리 또는 너무 늦게 만들었겠지만 그게 다입니다. 저도 〔강제수용소를 다루는〕 영화를 만들지 못했고, 전적으로 말씀에 동의합니다. 다만 제가 갈 수 없는 길에 반감이 있는데, 시대가 그런 것 같습니다. 이미지보다 책을 중요하게 여긴달까요.

뒤라스: 그래, 그 점엔 나도 동의하네.

고다르: 사람들은 스타가 등장하는 할리우드, 스타나 세자르 시상식, 칸 영화제 등 격식을 갖춘 이미지는 중시하지만, 근본적으로는 책이 더 중요하다고 여기지요.

뒤라스: 예전에 자네는 다르게 생각했지 않은가!

고다르: 점차 그렇게 생각하게 되었습니다. 예전엔 전혀 그렇게 생각하지 않았지요, 전혀요. 아마도 물리적인 결과로 생각이 변한 듯합니다.

뒤라스: 나는 늘 그리 생각하고 있었네.

고다르: 나쁜 재현인 문학과 같은 상황을… 말하자면… 배급업자들이… 제게 쓰도록 강제합니다.

뒤라스: 자네는 펜을 들고 쓰는 시도를 해보았나?

고다르: 아니요, 해본 적이 없습니다. 제가 잘못 판단한 거죠. 썼다면 뭔가를 배울 수도 있었을 텐데, 실상은 사람들이 이렇게 말하죠. "시나리오를 써야 해요, 감독님!" 저는 떠나거나 머물러 쓰는 척하죠. 제가 책 한 권을 발견하면, 은행가에게 하듯 제작자에게 가져다주는데, 그러면 그는 제게 말합니다. "감독님, 이건 아니에요." 이렇게는 말 못 하죠. "감독님 이름으로 된 책이 아니잖아요." 하지만 그렇게 들리게 하지요. 그러면 저는 말합니다. "그렇다면 대관절 무얼 원하시는 거죠?" 그는 제가 쓰기를 원합니다! 그건 흡사 광고 영화처럼… 아셰트나 랭동 출판사 광고 영화를 한번 찍어보세요…

뒤라스: 나도 제안을 받은 적이 있네.

고다르: 광고 영화를요?

뒤라스: 그래, 맥주 광고였어!

고다르: 오, 맥주 광고요?

뒤라스: 그렇다네. 아프리카에서 찍자는 거였는데, 후속 진행이 없었지…[64]

---

64   스스로를 패러디하는 모호하고 짧은 텍스트가 이 주문이 실재했음을
      알려준다. Marguerite Duras, "Publicité pour la bière Pelforth,"
      Cahiers de l'Herne Marguerite Duras, 2005, p. 288을 보라. "제안되는
      감정과, 펠포트 맥주 덕에 그 남자가 겪어온 감정의 완벽한 균형에
      도달해야 한다. 남자가 있고, 사막이 있으며, 그들은 나뉘어 있다.
      이 신비한 흑맥주 덕분에 결국 그들은 다시 만나게 될 것이다."

〔…〕

뒤라스: 그런데 내가 보기에 흥미로운 것은, 자넨 사진술로 할 수 있지 않나, 내가 글쓰기로 시도하는 것을, 그러니까 빈틈을 채우고, 사방에서 백주에 글쓰기가 드러나듯 말일세…

고다르: 영화는 더 어려운 듯합니다.

뒤라스: 그런데 자네 영화에서 자네는 사진술로 성공했어! 자네 작품에서 자네는 말하지 않는다는 걸 알고 있나? 그저 외침뿐이지!

고다르: 네, 맞습니다.

뒤라스: 나는 가끔 그렇게 주장하지. 예를 들어 『부영사』가 그랬지. 모세가 말을 하지 않았다고들 이야기하는 걸 자네 알고 있나?[65] 그런데 자네가 영화 속에서 외칠 때, 자네는 뭔가에 맞서 씨름하고 있는 것이지. 영화의 주제를 찾지 못했기에 자네가 몸부림치고 있는 것이라고 나는 믿네. 영화는 그렇게 존재하기에, 거기에서 버텨야 하는 것이겠지…

고다르: 아닙니다. 그 반대입니다만, 같은 거예요.

뒤라스: 반대라면 마찬가지인 게지!

고다르: 네, 하지만 반대인 면은 표면과 싸우지요. 어떤 것과 또 다른 것은 뒷면과 표면을 이룹니다. 문학… 음악은

---

65   「1979년 대화」, 25~26쪽을 보라.

무언가 다른 것이라 질투를 하실 수도 있겠어요. 제 생각엔 쓰신 텍스트 중에『라 뮈지카』를 호명하신 듯한데, 음악은 뭔가 또 다른 것이고 목소리에 가장 가까운 것이죠.

뒤라스: 아니야, 음악은 치명적인 것일세.

고다르: 그리고 문학과 영화는 같은 것이긴 한데, 뒷면과 표면이지요.

뒤라스: 그렇지 않아! 거기엔 위계가 있다고 나는 주장하네!

고다르: 뒷면과 표면입니다…

뒤라스: 음악이 **모든 것에 우선**한다네!

고다르: 음악이 딴 세상에 있다는 데 동의합니다. 문학과 영화는 지상에 있지요.

뒤라스: 문학은… 그렇다네, 참여하는 것이지!

고다르: 네, 그렇지요. 하지만 우리는 도중에 있기에, 그런 관점에선 괴롭지요, 참여한다는 것이.

뒤라스: 그런데 음악은 자신 안에 존재하네. 그리고 우리는 거기에서 벗어날 수 없지! 어떻게 음악을 늘 들을 수 있는지 나는 잘 모르겠네. 모차르트를 하루 종일 듣는 이들은 아무것도 듣지 않는 걸세!

고다르: 하지만 그건 불가능합니다!

뒤라스: 바흐의 〈파르티타〉를 갑자기 내놓으며 사람들에게 입 다물고 도망가지 말라고 하는 건 불가능해.

고다르: 그럼요!

뒤라스: 또는 울부짖기를. 나는 매우 심각하게 얘기하고 있네. 어느 날 난 더 이상 음악을 들을 수 없다는 걸 깨달았어. 마지막으로 들었던 건 스트라빈스키였네…

고다르: 스트라빈스키를 듣는 건 쉽지 않죠.

뒤라스: 그래, 그런데 자네는 스트라빈스키를 아나?

고다르: 조금은 압니다. 당신처럼, 제가 당신을 알듯 그를 안다는 말입니다.[66]

뒤라스: 예술사에서 〈봄의 제전〉이나 〈결혼〉이 막 완성된 때와 같은 순간들을 나는 생각해보네. 그리고 대관한 연주장에서 스트라빈스키가 오케스트라와 연주하는 광경을. 아

---

66   〈히로시마 내 사랑〉이 개봉했을 때, 고다르는 뒤라스가 시나리오를 쓴 레네의 영화를 이렇게 일컬었다. "포크너에 스트라빈스키를 더한 작품이다"("Table ronde sur Hiroshima mon amour," *Cahiers du cinéma*, n° 97, juillet 1959, p. 1). 뒤라스는 스트라빈스키의 음악성과 자신이 찾는 구술적 특징의 유형 사이에 직접적 교감을 확립한다. "나는 미사를 집전하는 사제의 말만큼 힘 있는 연극의 말을 알지 못한다. 교황 주위에서, 사람들은 음조, 억양이 없고 강세가 전혀 없는, 낯선 언어로 모든 것을 발음하며 말하고 노래한다. 〈요한 수난곡〉과 〈마태 수난곡〉의 서창, 그리고 스트라빈스키의 〈결혼〉 〈시편 교향곡〉과 같은 작품에서, 우리는 늘 처음처럼 창조되는, 낱말의 울림까지 발음되는 소리의 장을 발견한다. 일상생활에서는 들은 적이 없는 소리다. 나는 이것만을 믿는다"("Le théâtre," *La Vie matérielle, op. cit.*, pp. 17~18〔한국어판은 「연극」, 『물질적 삶』, 19쪽. 번역은 옮긴이의 것임〕).

무도 〈봄의 제전〉을, 〈결혼〉이나 〈시편 교향곡〉을 들어본 적이 없던 첫 연주회 저녁, 사람들은 그 곡을 듣고서도 인류에게, 인류 역사에 있어 위대한 순간임을 거의 알지 못하지. 이런 것들이 간접적으로 나를 정치로 이끈다네. 사람들이 자신을 표현하는 태도를 잃었다는 생각이 들기 때문이지. 〔…〕 〈쇼아〉 때문에 자네에게 그런 것처럼, 제때 보여지지 않은 것들, 보여지지 못한 것들이 나로 하여금 불평하게 만드네.

고다르: 제 얘기는 그게 아닙니다!

뒤라스: 맞아, 자네는 그 얘길 했어. 자네는 이 모든 것에 대해 나보다 얘길 잘했네. 〈쇼아〉에 대해, 그리고 그 일이 일어나는 동안, 그 일이 일어난 뒤에 온 세상이 어쩌고 있었는지도.

고다르: 아닙니다! 저는 왜 제대로 보여주지 않는지, 왜 감옥을 보여주지 않는지, 왜 보여주지 않는가를 얘기했어요… 1945년 전쟁이 끝난 뒤, 프랑스에서 극장을 가장 많이 소유한 이는 공산당[67]이었죠. 그리고 두번째 규모의 극장 소

---

67   〔옮긴이〕 프랑스 공산당은 극장 운영뿐 아니라 영화 제작에도
       관여했다. 1936년 초, 5월 총선을 앞두고 공산당 선전책임자
       자크 뒤클로Jacques Duclos는 '문화의 집'(1935년 공산당이
       창설) 책임자로 재임 중이던 루이 아라공Louis Aragon을 통해 장
       르누아르에게 당 선전영화 연출을 의뢰한다. 〈랑주 씨의 범죄Le
       Crime de monsieur Lange〉를 막 개봉한 참이었던 르누아르는
       당적을 갖고 있지 않았으나, 그의 연인이자 편집자였던
       마르그리트 울레Marguerite Houllé는 열성적인 당원이었다.

유주는 바로 교회, 교회였습니다! 위제세UGC[현재 프랑스
영화 배급업계 2위 규모인 멀티플렉스 극장]나 고몽은 과거
보다 크게 성장했고요! 그들은 영화를 만들지 않았습니다.
제가 그들을 증오한다면, 그건 영화창작자로서입니다. 그들
은 늘 이렇게 말하죠. "이건 못 만든 영화다." 영화를 만들거
나 영화를 틀지 않고, 말 없이, 아무 말 하지 않고 영화를 틀지
않고 말이죠. 특히나 관객이 있을 때요!

　　뒤라스: 하지만 공산주의는 끝났어, 그들은 사멸했네![68]

르누아르는 이 의뢰를 수락하고, 저명한 공산당 활동가이며
영화·연극 연출가였던 장-폴 르샤누아Jean-Paul Le Chanois,
인민전선(공산당을 포함한 반파시스트 계급 연합) 활동에
적극 나선 영화감독 자크 베케르Jacques Becker, 사진작가 앙리
카르티에-브레송Henri Cartier-Bresson, 마르그리트 올레 등과
협업하여 〈삶은 우리의 것La vie est à nous〉(국내에는 "프랑스
사람들"이라는 제목으로도 알려져 있다)을 연출했다. 같은 해
말에 공개된 르누아르의 〈지하세계Les Bas-fonds〉(1936)는
막심 고리키의 희곡을 영화화한 작품으로, 5월 총선에서 승리한
인민전선에 대한 감독의 기대 또한 반영되어 있다는 평을 얻었다.
68　[옮긴이] 마르그리트 뒤라스는 레지스탕스로 활동하던 1944년에
프랑스 공산당에 가입했으며, 해방 후까지 열성적인 당원으로
활동했다. 그러나 1948년 프랑스 공산당이 사회주의 리얼리즘을
공식 기조로 삼자, 예술 창작의 자율성과 지식인의 전위 역할을
중요하게 여기던 뒤라스와 동료들은 공산당과 멀어지기 시작했다.
1950년 앙텔므 등과 더불어 뒤라스를 제명하며 공산당은 "퇴폐적
프티부르주아"를 쫓아낸다고 발표했지만, 과거에 초현실주의를
대표하는 예술가였다가 프랑스 공산당의 실세가 된 루이
아라공과의 불화가 기실 가장 큰 이유였던 것으로 알려져 있다.
그 후 뒤라스가 특정 정당의 당적을 지닌 적은 없으나 프랑스

고다르: 네, 그래요. 한 가지 예로 말씀드린 것입니다.

뒤라스: 그걸 영화로 만들 순 없을까. 알겠나, 예를 들자면 〈봄의 제전〉을 초연한 역사를 말일세. 〈봄의 제전〉을 처음 듣는 연주장을, 말하자면 〈봄의 제전〉이 연주장에 울려 퍼지고, 그에게 또 다른… 어떻게 그 곡이 전 세계에 가닿아, 다른 여러 장소에서 매번 들리는지…

고다르: 재능이 있고 겸손한 누군가가 있어야 할 듯합니다. 저는 창작자가 미리 말을 해선 안 된다고 생각합니다. 그렇게는 할 수 없지요.

뒤라스: 음악가들은 말을 하지 않네.

고다르: 네, 한데 베르나르도〔베르톨루치〕가 중국에서 그랬듯 "이걸 만들 거야"라고 우리가 말한다면요. 베르나르도는 "〈마지막 황제〉를 촬영하겠다"고 하고는 말한 바대로 하지 않았죠. 그걸 더는 못 찍었죠. 돈을 쓰면서 사 년을 보내며, 아무것도 얘기하지 않는 어떤 이야기에 그는 복종했죠. 그래서 그가 만든 건 다른 것, 미국 영화였죠. 제가 보기에 그건 정말 민망한 일입니다.

뒤라스: 그런데 내가 음악에 대해 자네에게 얘기한 점들

좌파 정치 세력에 친화적인 정견을 계속 표명했다. 일례로 1993년에 펴낸 『마르그리트 뒤라스의 글』에 "공산당에 다시 가입하고 싶다"고 쓰기도 했다(한국어판은 32쪽 참조). 프랑스 공산당과 아라공에 대한 뒤라스의 양가감정은 『뒤라스의 말』에서 토로된다(한국어판은 39~43쪽 참조).

을 요즘은 책에서 재발견한다네.

고다르: 한편 요즘 자코메티는 음악을 조각하지요.

뒤라스: 나는 내가 쓴 책에서 음악을 재발견하네.

고다르: 네, 동의합니다. 거기엔 "처음 순간"이라는 면이 있지요. 그리고 마음 아프셨을 텐데, 쓰신 작품에 비평이 혹독했던 순간들이 있지요. 아마도 『연인』이후에(그들이 『연인』은 아주 다르게 여겼지만 말이지요)… 기실 대단하지는 않은, 보통 그중 한두 사람을 제외하고는 작가인 비평가들은 이렇게 생각하지 십상이지요. "그게 그거지. 처음에 다 들었던 거야…"

뒤라스: 그렇지 않네!

고다르: 그리고 그들은 말하죠. "아, 이건 별로네요."

뒤라스: 아닐세, 그들은 결코 그렇게 말한 적이 없어.

고다르: 뭐, 그렇다면 다행이고요.

뒤라스: 왜냐하면 『연인』은 내가 이미 얘기한 모든 것으로 이루어져 있고, 내가 이야기하지 않았던 건 하나도 포함하지 않았기 때문이네. 그리고 다른 투로 이렇게 되풀이한 게 『연인』을 성공시켰지. 말하자면 난 모든 걸 다 거기에 넣었네. 열대의 밤, 내 오빠의 저질스러운 짓 따위를 모두. 모두를 모아 두었네.

고다르: 하지만 "되찾은 시간"이라는 현상과 같은 뭔가가 있어야 했지요. 그리고 지금은 뭔가 다른 것이 있지요…

당연히 아직 일고여덟 권은 더 쓰셔야죠, 잘은 모르겠지만, 저도… 아마 영화를 열다섯 편쯤은 더 만들어야겠죠. 우리 나이가 되면 "끝을 안다"고 자신에게 말하는 때가 흥미로운 순간이 될 수밖에요.

뒤라스: 내가 〈봄의 제전〉이나 〈결혼〉을 각색한 대본을 자네에게 써주면 어떻겠나…

고다르: 좋지요, 프로듀서만 구해주신다면요.

뒤라스: 아니면 〈시편 교향곡〉을…

고다르: 가장 훌륭한 프로듀서는 당신입니다. 저보단 부유하시잖아요. 제가 영화를 제작하게 하지 마시고, 직접 제작하셔야 한다고 생각합니다.

뒤라스: 아니야, 자네가 아니면 안 되네. 내가 바라는 건 그것을 도륙해버리는 것이거든. 그 음악에 필적하기 위해서는 하나의 방법밖에 없네. 찬사를 보내지 않거나 보여주지 않는 게 아니라, 대신 스치는 광기를 보여주는 거지. 〈시편 교향곡〉과 〈결혼〉을 들어보면 표현할 수 없을 만큼 아름답거든. 특히 영화 소재로 삼기에 맞춤하지.

고다르: 어쩌면 음악을 다루는 아름다운 영화가 될 수 있겠네요. 그래요.

뒤라스: 더 이상은 말이 없던 그 침묵은, 아름답다고 굳이 얘기할 필요가 없는 것이지.

고다르: 정말 그렇지요! 연출하신 영화들처럼 그런 것

같습니다. 다만, 추가로 필요한 건…

뒤라스: 〈결혼〉은 스트라빈스키가 직접 지휘해 출판한 판본을 찾아야 할 걸세. 〔…〕 자네에게 음악을 들려주고 그저 말하겠네. "가서 자네가 원하는 대로 하게." 다만 음악은 가라앉지 않기에, 자네는 그에 맞서 핵폭탄이든 건물이든 던져볼 수 있네. 음악을 부수겠다고 시도할 수도 있지만, 그 무엇도 그렇게 할 수 없을 걸세. 이렇듯 거의 물리적인 폭력을 지닌 영화는 자네만이 끌어낼 수 있을 듯싶네. 자네는 보석을 만들 거야. 어떻게 생각하나?[69]

고다르: 한데 안타까운 것은, 영화는 보라고 만드는 것인데, 사분의 삼은 보여지지 않지요. 책은 두 방향으로 보여질 수 있습니다. 영화는 두 방향으로 절대 보여질 수 없죠…

뒤라스: 하지만 들어보게. 자네는 만 명이 본 영화를 만들지 않았나!

고다르: …그보다는 더 들었죠!

뒤라스: 〈트럭〉은 관객 만 명이 봤는데, 세계에 알려졌

---

69   "(음악은) 폭력 그 자체이며 〔…〕 음악은 흩어져 있는 모든 폭력끼리 통하도록 만들고야 만다. 그것들이 함께 폭력을 일반화하도록"(Marguerite Duras, *Nathalie Granger* suivi de *La Femme du Gange*, Gallimard, 1973, p. 95). 〈파괴하라, 그녀는 말한다〉의 끝 장면, 규정할 수 없는 공간에서 바흐의 푸가는 보이스-오프와 외화면 영역 사이에서, 한참 동안 폭력의 굉음과 섞인다. 화면에는 조용한 숲으로 열린 집 안에 있는 세 사람이 보인다.

172

네. 내 단편 영화들은 팔천 명이 봤어.

고다르: 네, 책을 내신 덕분이지요.

뒤라스: 그리고 지금 내 책은 도쿄, 베이징, 홍콩, 여기저기에 나와 있네.

고다르: 네, 그런데 우리는 책이 읽힐 거라 생각하죠. 만약 쓰신 책이 지금 읽히지 않는다면, 이백 년 뒤에는 읽힐 수 있을까요? 그림은 그런 경우가 있지요…

뒤라스: 팔리는 책 부수가 매년 느는 경우, 그래도 작가가 살아남을 가능성이 있다고 가늠하지.

고다르: 영화 입장객 숫자도, 요즘은 비디오테이프 판매량으로…

뒤라스: 확실히 그렇다네. 반면에 책이 얼마나 지속될 수 있을지 수명을 결정하는 것은 출판사일세. 갈리마르에서 그걸 배웠지… 이런 식으로 측정되지. 판매를 멈추지 않는다. 그러면 영화처럼, 책은 지속될 운명인 것이고, 주문이 멈출 일은 없지.

고다르: 확실히 그렇죠! 그런데 이 다툼의 문제가 흥미롭습니다. 왜 갑자기 화가 나셨는지… 잘못된 점을 비판하시고, 제대로 안 된 것을 유감스럽게 여기며, 크게 후회하시는 것도 있겠지만, 여전히 당신은 매우 정치적이지요. 다행히도 저는 신념이 있었지만, 결국 68은 결국 제가 믿던 바와 다른 것들을 가져다주었습니다.

뒤라스: 그런데 내가 언제 화를 냈다는 건가, 말해보게. 내가 언제 화를 냈다는 건가? 언제?

고다르: 사르트르 얘기를 했을 때, 〈쇼아〉 얘기를 할 때, 그리고 이 이야기를 하면서…

뒤라스: 갑자기 사르트르 얘기를 하면서 자네 감정이 격해졌잖나!

고다르: 네, 네. 한데 말투가 바뀌시면서… 제겐 확신이 있었던 시기인데, 그것이 제게…

뒤라스: 사르트르가 활동하던 1945년부터 1970년까지는, 우리도 그랬듯 모든 젊은이들에게, 그는 사상적 스승이었지!

고다르: 네, 그런데 갑자기 쓰시는 단어, 단어들 또는 문장들이 더 이상, 잘은 모르겠지만, 더 이상 같지 않았어요…

뒤라스: 정확하지 않았다는 건가?

고다르: 아니요, 그들은 같은 격식 속에 있지 않죠, 신체조차도… 더 높은 평가나 더 큰 상처를 위한 공간이 있지요. 오탕-라라Claude Autant-Lara[70]가 하는 말을 듣고, 저는 그런 생

---

70   〔옮긴이〕클로드 오탕-라라(1903~2001)는 마르셀 레르비에Marcel L'Herbier, 장 르누아르, 르네 클레르 감독 등의 스태프로 영화계에 입문했다. 누벨바그의 일원이었던 프랑수아 트뤼포는 『카이에 뒤 시네마』 1954년 1월호에 발표한 글 「프랑스 영화의 어떤 경향Une certain tendance du cinema Français」에서, 장 들라누아나 르네 클레망 같은 이들이 연출한 영화와 함께, 〈육체의 악마Le Diable

각을 하기에 이르렀죠. "누벨바그 때문에 우리는 파멸했다." 그래서 우린 그랬어요. "저 멍청한 놈이…"(그런데, 사실 그는 멍청한 놈이 아니고 매우 완강하다고 평가되는 사람입니다). 하지만 그건 별거 아닌, 찻잔 속의 폭풍일 뿐인 싸움이었다 싶습니다.

뒤라스: 그래, 사르트르를 놓아줘야겠네. 자네를 위해 사르트르를 지금 위치에 내버려둬야겠군.

고다르: 동시에, 이 증오가 마음에 걸립니다. 다른 단어가 떠오르지 않네요.

뒤라스: 나는 증오하지 않네, 그건 아니야.

고다르: 어쩌면 제게 설명해주실 수 있겠지요. 저는 늘 이해가 안 됐습니다. 아무도 제게 설명해준 적이 없어요. 유대인은 이미지를 만들지 못한다는 얘길 들었습니다. 이 이야기에 담긴 요구가, 이 이야기가 만들어진 방식이 늘 거슬렸어요. 저는 개신교와 가톨릭의 차이, 혹은 특정 의식이나 집시의 차이를 모릅니다. [⋯] 저는 모르겠습니다. [⋯] 왜 사람들이… 〈쇼아〉나 강제수용소에 대해서 그러는지 유감입니다. 알랭 레네의 영화에는 같은 식으로 민감하게 호응하지 않으면서 말이죠.

au corps〉(1947) 등 당대 프랑스 영화를 대표했던 오탕-라라의 작품을 시나리오 작가 중심의 영화이면서 원작의 영감을 살리지 못하고 반부르주아적인 몸짓을 흉내만 내는 영화로 비판한다.

뒤라스: 〈밤과 안개〉 말인가?

고다르: 네! 그 영화는 재상영되지도 못했는데, 해마다 다시 상영되지도, 학교에서 상영되지도 못했는데 말이죠…

뒤라스: 상영했다네! 자네 말과는 달라! 〈밤과 안개〉와 〈스티렌의 노래Le Chant du styrène〉를 온 데서 요청했어. 나는 레네와 함께 일했는데, 그 두 영화는 학교와 대학에서 한 해 내내 상영했어…

고다르: 네, 하지만 결과가 없었지요! 〔…〕 이미지에 비해서, 사람들은 이야기하기를 선호하지요, 쉽게 이야기하기를요. 이야기하는 것에 대한 저의 공포는 여기에서 기인합니다. 저는 이야기할 줄 모르지만 보여줄 수는 있다고 생각합니다. 제가 이야기하는 걸 배우거나, 혹은 저 자신 안에 있는 제 이야기를 발견하게 되겠죠.

뒤라스: 내가 좀 전에 훌륭한 곡들, 스트라빈스키의 현대 음악 걸작을 예로 든 것은 우연이 아니었네. 이런 중요한 사건을 인식하려면, 자네는 모독이라고 하겠지만… 강제수용소를 인식하려면, 강제수용소의 존재를 인식하려면, 아무도 요구하거나 청할 수 없는 정신적인 전복이 필요하네. 그리고 이 지체는 이해하려 하지 않는 유대인들 사이에서도 발견할 수 있네… 자네는 영화를 봤지만, 아무도 이걸 이해하려들지 않았어. 1946년, 1945년에 부헨발트 사진이 처음 실린 신문을 보고 사람들은 처음에 이랬다네. "사실이 아니야." 사

176

십 년을 기다려야 했네![71]

고다르: 라디오나 텔레비전에서 얘기하시지 않은 걸, 어느 날 저녁에 제게 얘기해주세요. 부역자라 불리는 이들이 다수인 집안 출신이지만 저 자신이 그랬던 것은 아니니, 말씀을 들려주실 수 있겠지요.

뒤라스: 유대인… 아, 스위스인!

고다르: 아니에요, 프랑스 사람, 프랑스 사람이에요.[72] 제 할아버지가 유대인들에 대한 농담을 했던 게 기억나고, 어

71   『80년 여름』에서 뒤라스는 "수용소의 귀환"으로 고다르의 경구와 기이하게 평행선을 세운다. "우간다를 보고 나는 아무 생각도 하지 않는다. 강제수용소를 둘러싸고도, 나는 아무 생각도 하지 않았다. 내가 무언가를 생각한다 해도, 그게 무언지 알 수 없고, 나는 그것을 발화할 수 없다. 나는 본다"(*L'Été 80, op. cit.*, p. 45).

72   〔옮긴이〕155쪽 각주 58에 언급된 마르셀 오퓔스와의 대담에서, 고다르는 성년이 될 때까지 프랑스 국적을 유지하다가 인도차이나 전쟁 당시 징집을 피하기 위해 스위스로 귀화했다고 스스로 밝힌 바 있다. 2009년에 스위스 제네바의 생제르베 극장은 〈슬픔과 동정〉을 상영한 후 고다르와 마르셀 오퓔스의 대담을 마련했다. 이 자리에서 고다르는, 유년기에 나치즘 치하의 독일을 탈출한 유대계 감독 마르셀 오퓔스와 '유대인 되기'에 대한 영화를 공동 연출할 계획이 있었다고 밝혔고, 오퓔스는 "정확히는 '이스라엘과 팔레스타인'에 대한 영화였다"고 부연했다. 오퓔스는 고다르와의 공동 연출 계획이 실현되었다면 2009년에도 이스라엘이 백린탄을 비롯한 최첨단 살상 무기로 맹공을 퍼붓고 있던 가자지구의 상황을 더 부각하는 기회로 만들 수 있지 않았겠느냐며 아쉬움을 표했다.

릴 때 필립 앙리오Philippe Henriot[73]의 연설을 라디오에서 하루 종일 들었던 게 기억납니다. 저는 그렇게 양육되었어요. 제 가족과 제가 어떠했는지 비로소 깨달을 수 있었던 건, 그 뒤 시간이 지나고 팔레스타인 사람들에 대한 영화를 만들면서였던 것 같아요.[74] 그 작업을 경유하며 어디서 비롯한 일인지 탐구하게 되었지요. 당신은 제게 말씀하시고 있지만, 사람들이 그 일을 말하는 걸 들은 적이 전혀 없어요. 이십 년 뒤에라도 이렇게, 정식으로, 공식적으로는요. 그런 일은 없었거나, 추문의 소재가 되거나 하는 거죠. 이야기되지 않는 것입니다.

뒤라스: 그런 게 아니라… 나는 개인적인 의견을 표명한 걸세.

고다르: 그건 다른 문제입니다. 육십 년 동안 글을 쓰시고 작업을 해오셨기에, 사람들이 당신 이야기를 듣지요. 하지만 그건 이야기되는 것이라 할 수 없고, 자연스럽지 않아요. 제가 놀랍다고 생각한 건, 사람들이 역학적인 소재를 바라볼 줄 모른다는 겁니다. 무성영화에서 이를 이야기할 줄 아는 시

---

73 〔옮긴이〕부역자의 대표로 여겨진 프랑스 극우 정치인.

74 장-뤽 고다르와 안-마리 미에빌이 함께 연출한 〈여기 그리고 다른 곳Ici et ailleurs〉(1975)은, "승리까지—팔레스타인 혁명의 사유와 노동 방법론Jusqu'à la victoire. Méthode de pensée et de travail de la révolution palestinienne"이라는 제목으로 장-피에르 고랭과 협업해 팔레스타인에서 1970년대 초반에 찍은 〔미완의 영화〕 이미지로 만들어진다.

절이 있었고, 성공하여 영화를 바꿔놓은 영화사의 위대한 두 작품이 있었지요. 흥행 면에서도 크게 성공한 영화들인데요. 묘하게도 두 작품 모두 전쟁 영화였습니다. 하나는 남북전쟁을 다룬 〈국가의 탄생The Birth of a Nation〉이고, 다른 하나는 〈무방비 도시Roma, città aperta〉입니다. 로셀리니는 이야기할 줄 알았지요. 물론 오래가진 못했다는 데 동의합니다. 그가 〈독일 영년Germania anno zero〉을 찍으러 갔을 때, 사람들은 그가 같은 얘기를 반복한다고 했지요. 간단히 말씀드리자면, 이야기된 적이 없고, 저는 이야기하는 것이 겁이 나는 것 같은데, 당연히 이야기로는 다 이야기할 수 없기 때문입니다. 저는 보여주는 것을 생각하는데요…

뒤라스: 그런데 란츠만도 그런 얘기를 했네. 모든 것을 다 이야기할 수 없다고.

고다르: 보여주는 것도… 다 보여주어도 다 보여주는 것이 아니라 할 수도 있겠습니다. 〔…〕 우리가 보여준다고 할 때 흥미로운 것은—시간이 조금 더 있으면 좋겠습니다만—말할 수 없는 게 아니라 서로 말할 수 없다는 것인데요, 참으로 훌륭한 방식으로 말하는 마르그리트의 얘기를 들으며, 제가 뭘 할 수 있겠습니까? 저는 듣습니다. 저는 사르트르의 이야기도 듣고요. 마르셰George Marchais의 이야기, 엘카바흐Jean-Pierre Elkabbach[75]의 이야기를 듣고, 로널드 레이건이나 카다피의 얘기를 5번 채널〔국제뉴스와 관련 프로그램

이 주를 이루는 국영 채널]에서 듣기도 합니다. 저는 듣는 편을 더 좋아합니다. 하지만 사람들은 서로에게 말할 줄을 몰라서, 글을 쓰고 영화를 찍지요. 서로에게 말을 하지 못합니다. 사람들은 대화를 쓸 수는 있지만, 그것을 발설할 줄은 모르는 것 같습니다. 사랑조차도, 다른 문제입니다만… 하지만 그것은 보이고, 텔레비전은 그것을 보여줄 수 있습니다.

뒤라스: 말하고 또 말하지. 남자들은 자신에 대해 말할 줄 모른다네. 여자들은 말할 줄 알지. 남자들은 말할 줄을 몰라서 핑계를 대지. 그들은 자신에 대해 말하는 대신 다른 것을, 자신과 상관 있는 다른 것에 대해 말한다네. 그들은 여자에 대해 말하고, 일에 대해 말하고, 사상을 말하지…

고다르: 확실히, 정말 그렇습니다. 동의합니다.

뒤라스: 그들은 그렇게 일하고, 그렇게 살지만… 어쨌든 말을 하지.

(대화가 끝날 기미를 보이자, 콜레트 펠루스가 개입한다)

펠루스: 〈할 수 있는 자가 구하라(인생)〉에 나오는 문장이 하나 있는데요…[76] 왜 그 문장을 고수하셨나요?

---

75   [옮긴이] 마르셰는 프랑스 공산당 서기장 등을 지낸 정치가로, 1981년 대선에서 사회당 소속 미테랑을 지지하여 제5공화국 최초의 좌파 대통령 당선과 연립내각 성립에 일조했다. 엘카바흐는 1960년대부터 프랑스 방송에서 활동한 기자 겸 앵커이다.

76   콜레트 펠루스는 「1979년 대담」에 나오고, 〈할 수 있는 자가

고다르: 저는 말할 줄을 모르기 때문입니다! 그래서 사물들을 차용하고요… 제가 꽃이라면, 제 자신을 보여주었을 겁니다!

뒤라스: 갑자기 자네가 예쁜 제라늄처럼 보여서, 웃음이 마구 터져 나왔네…

고다르: 이발소에 가지 않은 지 오래되어서 그렇습니다.

펠루스: 유년기를 벗어나지 않으신 것 같습니다, 두 분 모두…

뒤라스: 아마도 그런 점이 있겠지.

고다르: 아, 저는… 바보에 머물러 있어요. 그래요. 리타 미츠코가 "아무튼 바보"라고 얘기했듯 말이죠.

뒤라스: 일상생활 속에서 자네는 유쾌하고 웃기도 하나?

고다르: 저는 쉼 없이 웃습니다. 이런 상황에서 웃기는 어렵죠, 왜냐하면…

뒤라스: 나 또한 웃으며 생을 보낸다네. 나는 쓰면서 웃네. 글쓰기를 마쳤을 때 나는 웃지. 〔…〕 방금 전 우리 웃음에는 심각한 구석이 있었어.

고다르: 존재하는 세계 속에서 벌어진 일을 보면 그게 아닌데, 하는 느낌이 듭니다. 영화를 만들어야 할 때, 또는 소

구하라(인생)〉 사운드트랙에 재수록된 다음 문장을 언급하고 있다. "남자가 여자보다 유아적이지만, 남자는 유년기가 더 짧지"(「1979년 대화」, 46쪽을 보라).

설을 써야 할 때, 무슨 일이 벌어졌는지 조사를 하지요. 그게 아닌데,『에밀리 엘』은 그게 아니죠. 그런 식으로 얘기한다면, 확실히 그게 아니지요. 그건 뭔가 다른 것이고, 그런 식으로 서로 말하지 않는다는 것입니다.

뒤라스: 말하지 않지!

고다르: 말과 이야기에 대한 요구와 취향이 어디서 기인하는지 알아내려고 하고 있어요. 〔…〕제가 놀라는 점은, 사람들이 일을 하지 않는다는 겁니다. 소설은 단독으로 쓰지요. 이탈리아 영화는, 미국 영화도 그런데요, 시나리오 작가가 늘 여럿입니다. 작가들이 둘씩 짝지어 일을 하게 된 거지요.

뒤라스: 나는 그런 추세를 더는 받아들일 수 없네. 더는 따라가기 힘들어.

고다르: 제 생각에는 우리는 뒷면과 표면 같은데, 뒷면이 표면과 함께 말하지 않는 걸 보여주는 건 어쩌면 어려울 수 있습니다. 당신은 제가 아는 드문, 제 뒷면이나 표면—어느 쪽이든—에 해당하는 사람 중 한 분입니다. 존경과 관심이 있지만, 때로 저는 우리가 함께 이야기할 수 없다는 느낌이 듭니다. 어떤 순간의 말미에는 그 느낌이 멈추고요. 반대로 저는, 기꺼이 당신의 말씀을 들을 수 있습니다.

펠루스: 마르그리트,『에밀리 엘』에 나오는 사랑의 편지를 읽어주시면 어떨까요? 소설과 영화에는, 사랑인 동시에 창조인 무언가가 있지 않나요, 그렇지요?

뒤라스: 이 책은 내가 가장 큰 열정을 가지고 쓴 책이네. 『부영사』와 『롤 베 스타인의 환희』이후로 이와 같은 열정을 가지고 살았던 기억이 없어. 말하자면, 삶 속에서는 더 이상 말하지 않고, 책으로만 현전하는 존재가 되기에 이른 거지. 책과 함께 잠들고, 책과 함께 깨어나며, 그리고 책이 끝났을 때, 헤밍웨이를 본뜬 영국 여행자들을 만나는 선술집을 묘사할 때, 이 영국 주정뱅이들은 나를 석 달은 가는 감정에 빠져들게 하는데, 내가 그들을 만나고 내가 그들을 사랑한다고 묘사할 때, 내가 나를 사랑하고 내 곁에 있는 그 젊은이와 말할 때, 내가 그들에 대해 말할 때, 이 사람들의 미소와 얼굴이 또렷해지고, 이들이 지닌 사랑을 보며 이 젊은이를 향한 사랑을 말하기에 나는 이보다 더 멀리 있지… 내가 살아냈던 불가능한 사랑과, 죽음 가장자리에 있는 이 커플의 완전한 사랑을 이 책에서 나는 일치시켰네. 이 한 쌍은 책 전체에서 죽음의 가장자리에 서서 버티고 있지. 그리고 그 후에는, 모르겠네, 그들에 대해 더 이상은 모르겠네, 상상도 못하겠어. 킬뵈프의 바에서부터 움직이는 사랑에 대한 대화를 나누는데, 왜냐하면 그게 킬뵈프의 바에서 시작되었으니까. 호텔 방과 다른 장소로 대화가 이어지지. 이 대화는 소설 전체, 책 전체를 감염시킨다네. 다른 텍스트에 의한 텍스트의 이러한 침범, 특별한 사랑, 다른 사랑에 의한 사랑의 이러한 감염, 이 모든 열정의 조합과 집합이 책을 키워나가지. 나는 더 이상 그 한계를 알

지 못하네. 그래서 책을 작동시키고, 열고, 자르고, 에밀리 엘의 이야기인 세번째 이야기가 책에 들어가도록 해야 했다네. 책이 살아 있도록, 계속 살아 있도록 하기 위해서, 내가 발견한 것은 이것뿐이네. 화이트섬의 그 젊은 여성은 킬뵈프의 그 여자였고, 지금은 백 살이고, 나는 그녀가 살아온 바를 하룻밤에 배웠다고 이야기할 수밖에 없어. 나 자신으로부터 그것을 배웠지만, 알았다는 것을 알지 못했어. 한데 이 여자는 글을 쓴다네. 나는 그것을 마지막 날까지 몰랐네. 내가 첫 원고를 넘겨야 했던 날까지.

고다르: 그 여자가 쓴 것이었나요?

뒤라스: 그이가 쓴 것이지! 그 여자는 스물여섯, 스물넷, 그리고 스물여섯이고 시를 썼다네.

고다르: 무엇이 당신으로 하여금 그 여자가 글을 쓴다는 착상을 하게 했나요?

뒤라스: 그건 내가 구상한 게 아니라, 그저 주어진 걸세. 그 여자가 글을 쓴다는 건 명확했지. 이 이야기 전체 안에는, 이 결합 안에는, 글을 쓰는 누군가가 있었네.

고다르: 네, 그건 명확하지요…

뒤라스: 내가 모든 것을 썼지. 나는 이야기의 한계를 규정하는 외피를 썼지만, 책의 내부는 쓰지 않았다네. 그 여자가 글쓰기의 중심이었는데, 그녀는 순진하고 매우 젊기 때문에, 그녀 내부에 엄청난 힘을, 애인에게 향할 수도 있었을, 이

엄청난 고통의 권능을 지니고 있다는 것을 알지 못해. 어떻게 말하면, 그 때문에, 그녀가 쓴다는 사실 때문에, 그녀는 죽을 뻔하기도 해. 그녀의 애인이 한 짓 때문에 그들이 살았는지도 몰라. 그 남자는 어느 밤, 그 여자가 지은 시, 마지막 시를 불사르고, 그렇게 멈추지…

　　〔…〕

　이렇듯 묘사되는 모든 땅을 침범하는 물처럼, 이야기는 확연히 구분되어 있어, 더는 억제하지 못하도록, 책이 미쳐버린 듯하다네. 그렇게, 책은 미쳐버렸다네. 그 여자가 자신의 시를 찾을 때, 그녀는 여전히 내게 울고 싶은 욕구를 주지. 그 여자가 흔적을 찾으려고 애쓰면서 가구를 부술 때, 그 남자는 옆방에서 입을 다물고 있지. 하지만 나중에 그는 침대에서 그녀를 안을 터이고, 그 여자에게 세상에서 자신이 가장 사랑하는 건 그 여자라 얘기할 터이네. 그리고 그 여자는 그 사실을 알고 있다고 대답하지. 그리하여 이렇게 글쓰기는 완료됐다네! 그러나 그 시는 완전히 죽지 않았네. 말인즉슨, 우리가 그 시의 역사를 알리라는 걸세. 우리는 그 역사를 알 터이고, 그 여자는 집의 신참 관리인인 순진한 젊은이에게 이야기해줄 테지. 그리고 신의 사랑을 말하는, 신의 이미지를 지닌 절대자를 말하는 그 시는 지상의 사랑을 말하지 않고, 대화 속에서 질문에 부쳐지는 사랑을 말하지 않네. 그러나 이 어린 관리인은 이 모든 걸 하나도 모르지. 그는 시를 읽어본 적도 없고, 소설도 전혀 읽은 적이 없거든. 그는 다만 젊은 주인이 뭔가를 써서 출간됐고, 책이 도착하고 사람들이 그 여자를 만나러 온다는 것, 화이트섬에 대해 쓴 그 여자를 방문하러 온다는 것만 알 뿐이지. 마치 정신의 성욕처럼 그 점은 관리인을 끌어당기고, 그 여자는 마치 그가 결코 들어볼 수 없는 음악처럼 그가 영영 읽지 못할 시를 써서 스스로를 온전히 입증하지. [⋯] 이렇게 두 이야기가 있다네. 그리고 나는 멈추지 못할 테지. 상관없네. 자네에게 모든 걸 얘기하진 않을 테니⋯ 하지만 이만큼이나 열광한 건 처음일세.

고다르: 마르그리트, 당신은 늘 열정적입니다.

뒤라스: 나 혼자서는 이 지점까지 오지 못하지! 그리고 나는 매우 슬펐고, 동시에 아주 조심스러웠고, 정말 아팠다네. 잠을 제대로 못 잤고, 그래, 책을 엮기 전에 죽을 듯했어. [⋯] 그리고 어느 여름, 결국⋯ 그 여자는 화이트섬으로 돌아가고, 젊은 관리인에게 쓴 편지를 공증인에게 주지.

"당신에게 이야기할 단어들을 잊었습니다. 알고 있었는데 잊었고, 여기에서 저는 그 낱말들의 망각 속에서 당신에게 말합니다. 겉으로 보이는 바와 반대로, 저는 세상에서 가장 귀하며 유일한 존재를 향한 사랑에 몸과 마음을 다 바친 여자가 아닙니다. 저는 부정한 사람입니다. 당신에게 이 얘길 하려고 쟁여 두었던 낱말들을 제대로 되찾고 싶군요. 그런데 지금, 조금은 기억해냈습니다. 저는 제가 믿는 바를 당신에게 이야기하고 싶었습니다. 늘 자신 안에 간직해야 하리라고…
그래요, 낱말이 기억납니다, 장소를, 일종의 개인적 장소를
간직해야 하리라고, 그렇습니다, 그곳에서 혼자가 되고 또 사
랑하기 위해서, 무엇인지 누구인지 어떻게 얼마나 사랑할지
알지 못하고 사랑하기 위해서… 기다리는 장소를 자신 안에
간직하기 위해 여기 갑자기 모든 낱말들이, 우리가 전혀 알지
못하는, 사랑을 기다리는 낱말들, 어쩌면 아무 대상도 없는,
그러나 오직 사랑을 위한 낱말들이 기억납니다. 당신은 이러
한 기다림이었다고, 당신이 내가 볼 수 없는 내 삶의 유일한
바깥 면이 되었노라고, 당신은 나를 모르는 이방인이 된 상태
로 이렇게 머물 것이라고, 내가 죽는 날까지 이렇게 계속되리
라고, 당신에게 이야기하고 싶었습니다. 결코 답신 주지 마세
요. 나를 보리라는 어떤 희망도 부디 품지 마세요.—에밀리
엘"[77]

〔…〕

뒤라스: 다시 만나서 기뻤네.

고다르: 네, 저도요. 저도 그랬습니다. 소중한 시간이었
어요.

뒤라스: 텔레비전을 고장내야 하네!

고다르: 네, 저도 그렇게 생각하는데요, 그런데 결국 우

---

[77]   *Emily L.*, Éditions de Minuit, 1987, pp. 98~99〔한국어판은 『에밀리
        엘의 사랑』, 142~43쪽. 번역은 옮긴이의 것임〕.

리 둘 각자는 상대적으로 그것을 잘하는 편이네요… 두 바위가 업자를 나타나게 했으니… 제가 할 줄 아는 것을 하지 못한 데 대한 불만족이 제게 남아 있다는 말입니다. 그리고 당신은 당신이 할 줄 모르는 것을 물론 하지 않으셨고요… 저는 할 줄 아는 걸 제대로 못했지만, 어쨌든 이리되었군요.

에필로그

소프트 앤드 하드[1]

마르그리트 뒤라스와 장-뤽 고다르 두 사람의 대화를 우리
는 두 은둔자solitudes의 만남으로 읽을 수 있다. 이는 전기작

1   〔옮긴이〕 시릴 베갱이 붙인 제목 "소프트 앤드 하드Soft and
     Hard"는 안-마리 미에빌과 장-뤽 고다르가 만든 비디오 영화의
     제목이기도 하다. 텔레비전과 영화의 이미지와 언어를 다루는
     52분짜리 작품 〈소프트 앤드 하드〉는, 콜린 맥케이브Colin
     MacCabe가 기획하고 영국 공영방송사 채널 4가 의뢰하여
     만들어졌다. 애초에 맥케이브는 런던 위켄드 텔레비전의 의뢰로
     고다르가 장-앙리 로제Jean-Henri Roger와 공동 연출했으나
     전체 송출을 거부당한 작품 〈영국의 소리British Sound〉(1969)를
     염두에 두고 다시 '영국에 관한 이미지'를 만들어달라고
     미에빌과 고다르에게 요청했다. 완성된 영화는 의뢰 내용에
     온전히 부합하지는 않았지만, 1985년 채널 4는 이를 그대로
     방송했다(이로부터 사 년 뒤, 프랑스 전자제품 유통판매 기업
     다르티의 광고 제작 의뢰를 받은 미에빌과 고다르는 단편 〈다르티
     리포트Le rapport Darty〉(1989)를 연출한다. 광고주 다르티는 이
     단편을 본 뒤 납품받기를 거부했다). 영화학자인 콜린 맥케이브는
     고다르 전기 *Godard. A Portrait of the Artist at Seventy*, The
     Bloomsbury Press, 2003도 썼다. 맥케이브의 책은 프랑스어권의
     고다르 생애사 자료들이 잘 다루지 않는 부모 형제와의 관계와
     가계, 선조들의 삶을 자세히 소개한다.

가들이 기록한 것이 아니며, 그들은 의심할 여지 없이 논쟁을 하고 있고 미묘한 차이를 말하는 데 몰두하지만, 그들 각자의 예술은 쉼 없이 서로를 요청하는 동시에 배척한다.[2] 뒤라스는 글쓰기의 고립과 절연하는 어떤 방법을 구축하기 위해 영화를 만든다고 종종 말한다. 이 발언은 실용적이면서 미학적이다. 글쓰기가 작가에게 홀로 있기를 강요하는 한편, 영화는 집단으로 만들어지며, 반드시 역할을 분담하고 협업해야 한다. "글쓰기의 고독이란, 이 고독 없이는 글을 쓸 수 없거나, 여전히 쓰기를 추구하여 쓰여진 것을 핏기 없이 흩어지게 하는 것이다. […] 그 누구도 두 목소리로 쓴 적은 결단코 없었다."[3] 한편, 뒤라스가 구상한 바와 같은 영화들이 "시나리오"라고 부르는 것에서 해방되었을지라도, 이 작품들은 그것들을 좇는 혹은 그것들에 앞섰던 텍스트와 이어진 채 남는다. 영화들은 반복과 변주의 이어짐 속에 책을 기입한다(『부영사』는 마랭 카르미츠의 〈검은 밤, 캘커타〉와 〈갠지스 강의 여자〉〈인디아 송〉, 그리고 〈캘커타 사막의 베니스라는 그의 이

2   〈영화의 역사(들)〉 첫 에피소드 말미[실제로는 1A의 중간 부분인 23분 23초 경]에서, 고다르는 사적 고백보다 (영화가 말한다는) 활유법에 더 가까운 방식으로 장 주네를 인용한다. "내가 나인 게 아니라면, 나는 파괴될 수 없다. 나인 바대로, 거리낌 없이, 나의 고독은 당신의 고독을 알아챈다." Jean Genet, *L'Atelier d'Alberto Giacometti*, L'Arbalète/Gallimard, 2007, p. 73.

3   Marguerite Duras, *Écrire*, Gallimard, 1993, p. 14, 22[한국어판은 『마르그리트 뒤라스의 글』, 11쪽과 19쪽. 번역은 옮긴이의 것임].

름〉 사이에서 변형된다). 또는 영화는 책을 달리 태어나게 한다(〈트럭〉과 〈밤 항해〉는 텍스트가 출간되기 전에 먼저 영화로 구상되었다). 영화는 이렇듯 책의 완성이라는 환상을 깨뜨려 책이 지닌 텍스트의 환원 불가능성과 무한함을 드러낸다. 어떤 면에서는 영화가 책을 **완성한다**. 배우들의 중성적인 발성법, 스크린 밖off에서의 낭독, 이야기되는 것을 마주하는 이미지들의 표면적인 관성은 뒤라스가 그러한 완성을 위한 의식rites처럼 여러 해에 걸쳐 공들여 구상하고 급진화한 영화 속에서 성립한다. 고다르는 말장난으로 그 점을 인정한다. 1995년 〈프랑스 영화 오십 년〉의 말미에서 고다르는 영화감독과 비평가를 위한 만신전에 뒤라스를 포함시킨다. 뒤라스는 자크 리베트와 세르주 다네 사이에 나타나는데, 고다르는 작가의 이름 "마르그Margue/리트rite"[4]를 스크린 위에 녹색 글씨로 분할한다. 이러한 영화의 의식을 거쳐 뒤라스의 텍스트는 실증적인 이미지의 위험에 노출되는 동시에 되살아난다. 그 텍스트들은 결코 귀착되지 않은 채 시청각적 연합에 참여한다. "나는 영화와 살인적인 관계이다"라는 뒤라스의 가혹한 문장은 그러한 희생에 비추어 이해해야 한다. 저 문장의

---

4   〔옮긴이〕 분리된 뒤라스의 이름 중 'rite'는 제식, 제사, 의식, 관례 등의 뜻으로 통하는 낱말이다. 'Margue(또는 Marge)'는 그 자체로 여성에게 붙이는 고유명이며, 둘이 합쳐진 일반명사 'marguerite'는 진주, 보석, 데이지 꽃, 닻줄 등의 뜻을 지닌다.

바로 다음은 이렇다. "나는 텍스트를 파괴하는 창조자의 기질을 획득하려는 데 이르는 것에서 시작했다."[5] 텍스트의 파괴란, 되밀려 오는 파도의 움직임처럼, 부서지지 않는 자신의 특성을 더 잘 드러내기 위해 자신의 고독을 잠시 파괴하는 것이다.

고다르는 한참 전에, 영화의 집단적인 경험은 공유되기가 어렵고, 영화 연출은 다른 영화제작자들과의 교환이 불가능한 비연속적인 결과물에 머무는, 산재된 능력들의 집합일 뿐이라고 한탄한 바 있다. 영화를 만드는 일이 만남을 조직하는 것이라면, 배우, 시나리오 작가, 기술 스태프 간의 대화는 필연적으로 늘 실패한다. 그럼에도 불구하고 고다르는 안나 카리나Anna Karina[6]나 안 비아젬스키Anne Wiazemsky[7]와의

5   Marguerite Duras, *Les Yeux verts*, 1980, p. 72. 이 살인은 아브라함에
     의한 이삭의 희생과 거울 쌍으로 놓일 수 있다. 키르케고르가
     『두려움과 떨림』에서 서술한 이 살인을, 뒤라스는 작가가 갖는
     고독한 공포에 대한 알레고리로 삼는다(「1987년 대화」, 146쪽
     각주 47 참조).

6   〔옮긴이〕 배우이자 영화연출인 카리나는 1960년에서 1966년
     사이 고다르가 연출한 작품 다수에서 주연을 맡았다. 그런 까닭에
     이즈음 고다르의 필모그래피를 『카이에 뒤 시네마』를 비롯한
     평단은 "카리나 시기"라고도 일컬었다. 이 시기는 카리나와
     고다르의 결혼생활 기간과도 겹친다.

7   〔옮긴이〕 배우이자 작가인 비아젬스키는 브레송의 〈당나귀
     발타자르〉(1966), 고다르의 〈주말Week-end〉(1967) 등에
     출연했다. 1967년 고다르와 결혼했고 1970년에 이혼했다. 그가 쓴
     소설은 청소년 공쿠르상, 아카데미프랑세즈 소설 대상 및 청소년
     르노도상 등을 받았다.

협업에서부터 장-피에르 고랭과의 작업을 경유하여 안-마리 미에빌과의 공동 작업에 이르기까지, 특히 "커플"[이라는 관계] 안에서 많은 교환 방식을 찾고 발명한다. 뒤라스와 마지막 대화를 한 1987년, 고다르와 미에빌은 자택 거실에서 대화하는 자신들을 촬영한다. 그들은 스스로의 영화적 실천에 대해 자문하고, 가정이라는 장소가 초래하는 일상적인 안온함douceur 속에서 몇몇 비판과 자아비판을 시도한다. 이 비판들은 그들이 지닌 입장의 강경함dureté과 또는 이에 대해 이야기하는 것의 고지식한 곤란함과 충돌한다. 그리하여 이 영화에는 "소프트 앤드 하드"라는 제목이 붙었다. 뒤라스와의 만남 역시 "부드럽고 딱딱한douces et dures"이라는, 또 다른 긴 계열을 이루는 시도에 속한다.

　여러 상황에서, 때로는 자신의 영화에서, 때로는 텔레비전이나 신문에서, 고다르는 예컨대 로제 리나르Roger Leenhardt, 브리스 파랭Brice Parain, 프리츠 랑Fritz Lang, 장-마리 귀스타브 르 클레지오Jean-Marie Gustave Le Clézio, 르네 톰René Thom, 마누엘 데 올리베이라Manoel de Oliveira, 모리스 피알라Maurice Pialat, 필립 솔레르스Philippe Sollers, 마르셀 오퓔스와 대화했다.[8] 그러나 각각의 쌍, 각각의 만남은 때로는 고

8　〔옮긴이〕누벨바그 영화인들의 정신적 지주로 통했던 감독 로제 리나르는 〈결혼한 여자〉에 실명으로, 철학자 브리스 파랭은 〈비브르 사 비Vivre sa vie〉(1962)에 철학자로, 독일 출신의 거장

다르라는 영화창작자의 단독성과 고립을 쓰디쓰게 확증하는 계기가 되기도 한다. 그는 홀로 흰 스크린을 마주하고 있거나 (〈영화 '열정'의 시나리오〉), 호숫가에 있는 자신(〈JLG/JLG : 고다르의 자화상JLG/JLG〉), 또는 타자기 앞에 있는 자신(〈영화의 역사(들)〉)을 찍었다. 그렇게 고다르는 어떤 불가능을 구하는 듯 보인다. 영화라는 집합성의 한복판에서 글을 쓰는 고독 말이다.[9] 동시에 고다르는 점점 더 자신의 모습과 이름

프리츠 랑은 〈경멸〉에 자기 자신으로 출연했다. 철학자 르네 톰은 〈6×2(소통에 대하여 소통 아래서)〉 연작 중 5B "르네들René(e)s" 편에 나온다. 마누엘 데 올리베이라의 〈아브라함 계곡Vale Abraão〉은 고다르의 〈오! 슬프도다〉와 비슷한 시기인 1993년에 개봉했는데, 고다르가 올리베이라에게 요청해 이루어진 대담이 같은 해 9월 4~5일 자 『리베라시옹』에 실렸다. 고다르의 〈미녀갱 카르멘〉과 모리스 피알라의 〈우리의 사랑À nos amours〉(1993) 역시 같은 해에 발표된 뒤 고다르가 스위스 롤 자택에서 피알라와 나눈 대화가 1984년 2월 16일 자 『르몽드』에 게재된다. 〈마리아에게 경배를〉이 개봉한 1984년에 작가 솔레르스와 고다르가 나눈 대담은, 장-폴 파르지에Jean-Paul Fargier가 〈고다르/솔레르스: 인터뷰Godard/Sollers : L'entretien〉(1984)라는 제목의 다큐멘터리 영화로 만들어 공개했다.

9   레몽 벨루는 그의 글 「또 다른 영화창작자: 작가 고다르L'autre cinéaste : Godard écrivain」(L'entre-images 2, op. cit., p. 131)에서 이 논구에 가장 면밀히 접근했다. "고다르가 목표하고 관념적으로 동일시하려는 것은 항상 분리된 채로 존재하는, 글쓰기의 영원한 현재이다. 고다르의 목적은 그 영원한 현재를 다른 현재 속에 다시 태어나게 하는 것이다. 이를 위한 수단들이 고다르가 축소하려고 시도하는 다른 분리들을 예상하게 할 때까지. 마치 〔1966년에 행한 대담에서〕 르 클레지오가 그에게 내놓은 밤의 고독이라는

을 통하여, 그가 반복해온, 인정받지 못하고 사용되지 않으며 역사적으로 쇠하고 잊힌, 고독한 힘을 지닌 영화로 **육화**한다. 이는 특히 〈영화의 역사(들)〉에서 잘 보여진다. 이러한 소실의 이유가 뒤라스와의 오랜 대화에서 다음과 같이 이야기되고 있다. 어떤 이미지도, 이 율법의 발현 중 하나에 불과한 시나리오, 어떤 텍스트가 우선하지 않고서는 만들어지고 보여지고 받아들여지지 않는다고.

여기서 두 사람은 각자 자신의 보루, 자기 사상의 은신처를 방어한다. 뒤라스는 글쓰기의 고독을("몸에 실재하는 이 고독은, 쓰여진 것의 침범할 수 없는 고독이 된다"[10]), 고다르는 이미지의 고독을(〈영화의 역사(들)〉 1B편에서 읽을 수 있었던, "이미지는 부활의 때에 도래할 것이다"). 그럼에도 불구하고, 그들은 만남을 실행한다. 뒤라스가 "자신이 혼자라고 느낄 때, 다른 영화창작자를 생각한다면 그건 고다르다"라고 하는 것은, 고립을 나누기를 바라는 것만이 아니라 자신들의 실천이 지닌 고유한 단독성을 공유하길 청하는 것이

이미지를 완수하고 도모하기 위한 듯, 고다르는 〈열정〉을 촬영하는 중엔 스태프들 사이에서, 그리고 롤의 자택에서는 자신의 비디오 스튜디오에서, 자신의 이미지를 마주하고, '보이지 않는 것, 거대한 흰 면, 말라르메의 그 유명한 비어 있는 페이지 앞에서,' 시나리오를 찾고 보기 위해, 찍고 썼다."

10   Marguerite Duras, *Ecrire, op. cit.*, p. 15〔한국어판은 『마르그리트 뒤라스의 글』, 15쪽. 번역은 옮긴이의 것임〕.

다. 두 사람 모두에게, 이 만남은 고독의 역설적인 동맹이다. 일치와 접합의 순간은, 비록 짧을지라도, 예술 형식에서 그런 것처럼 삶 속에서도 분리의 순간과 같은 필연성을 지닌다. 그들은 이러한 역설에 합의하며, 이 역설이 근간을 이룬다는 것을 안다.

질 들뢰즈는 1976년에 고다르의 연작 에세이 〈6×2〉에 대해 쓰면서 이를 요약한 바 있다.

내가 상상하는 고다르는 이렇다. 많은 일을 하는 사람이기에, 그는 절대적인 고독 속에 있을 수밖에 없다. 그러나 이는 평범한 고독이 아니라, 드물게 붐비는 고독이다. 꿈이나 환상 또는 계획으로 붐비는 것이 아니라, 행동과 사물, 사람들로 붐빈다. 다양하고 창조적인 고독이다. 이 고독 속에 있음으로 인해, 고다르는 오롯이 자신에게는 물론이고, 다수가 함께하는 팀 작업에 힘이 될 수 있다. 그는 그 누구든, 공권력이든 기관이든, 청소부 여성이든 노동자 또는 광인이든 동등하게 대우한다.[11]

11   Gilles Deleuze, "Trois questions sur *Six fois deux*," *Cahiers du cinéma*, n° 271, novembre 1976, pp. 5~12 [이 글은 Gilles Deleuze, *Pourparlers*, Éditions de minuit, 1990, pp. 55~66 (한국어판은 『대담 1972-1990』, 신지영 옮김, 갈무리, 2023, 74~91쪽. 번역은 옮긴이의 것임)에 재수록되었다].

고다르의 "드물게 붐비는" 고독 곁에, 뒤라스가 익살스럽게
도 "트럭 놀이"[12]라고 이름한 그의 다성적인 독백들이 있다.
자신의 영화 〈트럭〉(1977)에서 작가는 이블린 노상에서 트
럭 운전사가 나이 든 여자를 태워주는 가설적인 영화 텍스트
를 읽으며, 배우 제라르 드파르디외의 맞은편에서 자신을 드
러낸다. 이러한 읽기 장면들을 보여주는 쇼트들과 교차하여,
트럭과 트럭이 횡단하는 풍경이 보이지만 승객들은 전혀 보
이지 않는다. 텍스트는 차 안에서 차를 얻어 탄 여자가 말하
고 남자는 듣는다고 하고, 마주해 앉은 작가와 배우 중에서는
뒤라스가 주로 말한다. 이러한 대화를 "조종하기conduire" 위
해서는 적어도 두 사람이 필요한데, 청자가 필요하기 때문만
은 아니다. 드파르디외는 때로 읽거나 "알겠어요Je vois"[13]라고
답하는데, 단순한 그의 현존은 전달되지 않는 말은 아무것도
아님을 확정하면서 동시에 (답이나 모순 이상의) 중계 가능
성을 연다. '트럭 놀이'는 누구와도 어디서든 할 수 있는, 말을
운반하는 유일한 수단의 명시적으로 불균등한 이러한 나눔
이다. 그 나눔은 뒤라스와 드파르디외가 자리한 집의 닫힌 문
안에서만 발생하는 게 아니다. 32톤짜리 트럭은 폭넓은 순환

---

12   *La Couleur des mots*, Éditions Benoît Jacob, 2001, p. 161〔한국어판은
        『말의 색채』, 146쪽〕참조.
13   〔옮긴이〕영어로는 "I see"로 번역할 수 있는 문장 "Je vois"는,
        직역하자면 "나는 본다"라는 뜻이다.

을 거침없이 실현한다. 또 고다르가 「1979년 대화」 서두에서 분명히 한 바대로, 트럭은 이런 면에서 영화 그 자체다.

고다르: 어느 쪽이든, 이미지는 그걸〔쓰여진 걸〕 좀 필요로 하지요…

뒤라스: 나는 스크린에 두 가지가 필요하다네. 내가 "말의 진폭"이라 부르는, 방해할 수 없는 것이지. 대개 모든, 거의 모든 이미지는 텍스트를 방해하네. 이미지들은 텍스트가 들리는 걸 방해하지. 내가 바라는 건, 텍스트가 지나가는 걸 내버려두는 무엇일세. 내 모든 문제는 그것과 관계되어 있지. 그래서 〈인디아 송〉에서 보이스-오프를 쓴 것이네.

고다르: 누가 텍스트를 통과시키고, 또 누가 텍스트를 옮기나요? 화물선이 짐을 옮기는 것과 마찬가지인가요?

뒤라스: 그렇다네, 트럭이 화물을 옮기듯.

고다르는 '트럭 놀이'를 뒤라스와 함께할 준비가 된 유일한 영화인이며, 메타포를 진지하게 받아들이고 이를 탐구하려는, 예컨대 쓰여진 것과 이미지 사이 엇갈림 속에서의 옮겨짐을 트럭에서 선박으로 탈바꿈시키는 유일한 이다. 그중 두 번을 고다르가 제안하여 이루어진 이 세 번의 대화는 이를 증언한다. 1979년 대화는 일종의 '오프*off*,' 뒤라스가 로잔의 촬영장으로 갔지만 촬영은 거부한 〈할 수 있는 자가 구하라(인생)〉 중 한 장면의 비가시적 버전이다. 고다르는 작가 뒤라스의 목소리만 녹음하며, 단절된 보이스-오프voix-off라는 고유한 장치를 자신의 영화에서 중계하기를 받아들인다. 이는 놀이의 한 방법이다. 1980년 대화는 〈트럭〉의 텍스트에서 사용된 조건법 과거("이게 영화가 될까요?" "네, 이건 영화예요")를 떠올리게 하는 가설 같은 특성을 지닌, 근친상간에 대한 영화가 지닌 가능성을 교환한다. 1987년 대화가 어조의 변화를 보여준다면, 이는 대화의 구실로 쓰인 기획이 없기 때문일 테다. 혹은 그들 만남의 괄호가 닫히는 중이기 때문일 것이다. 예를 들어 뒤라스가 스트라빈스키를 다루는 영화를 제안할 때, 고다르는 응하지 않는다. '트럭 놀이'는 그들의 고독 사이를 중개하는 통로였으며, 고다르의 작품에 많은 흔적을 남긴다. 뒤라스와 그의 대화들은 영화들 속에 새겨졌고, 그들의 놀이는 영화적 형식을 취해 연장되고 쇄신되며, 그들의 만남이라는 현실을 열어두었다. 뒤라스라는 작가의 이름, 그의 저서 중 몇몇 제목들, 그의 장소와 얼굴은, 1979년 작 〈할 수 있는 자가 구하라(인생)〉부터 적어도 1998년 작 〈영화의 역사(들)〉에 이르기까지, 고다르가 행하는 시각적이고 청각적인 콜라주의 재료가 된다.[14] 이 새김들은 이론적인 동시에 비평

14   디디에 쿠로Didier Coureau는 「마르그리트 뒤라스-장-뤽
      고다르, 실재와 가상의 만남들: 끝없는 대화Marguerite Duras-
      Jean-Luc Godard, rencontres reelles et virtuelles : un entretien

적이고 감정적이다. "소프트 앤드 하드."

〈할 수 있는 자가 구하라(인생)〉 중 한 장면에서, 감독의 분신으로 자크 뒤트롱이 연기하는 인물 폴 고다르는 대학 강의에서 〈트럭〉 일부를 발췌하여 보여준다. 뒤이어 그는 뒤라스가 옆 강의실에 있다고 밝힌다. 그가 "마르그리트!" 하고 부르고, 누군가가 뒤라스를 찾으러 갔다 혼자 돌아와 뒤라스가 오지 않으려 한다고, 거기 "꼼짝 않고*immobile*" 있다고 설명한다. 그에 대한 논평을 대신하여 폴 고다르는, 고다르의 영화들이 흔히 그러하듯 미뉘 출판사의 흰 표지에 제목이 명확히 보이는 책 『마르그리트 뒤라스의 장소들』을 펼치고 도입부를 읽는다("나는 시간을 보내려 영화를 만든다"). 짧은 수업을 마무리하며 그는 말한다. "트럭 한 대가 지나가는 걸 볼 때마다, 여성의 말이 지나가는 것이라고 생각하십시오." 뒤라스는 몇 달 뒤 『녹색 눈』에서 로잔의 촬영 장소들과 고다르와의 인터뷰를 술회했다. "(고다르는) 나를 어느 학교로 데려갔다. 그때가 쉬는 시간이었는지 등교 시간이었는지 정확

infini」(*Marguerite Duras. Marges et transgressions*, Presses universitaires de Nancy, 2006, pp. 195~204)에서 고다르가 작품 속에서 뒤라스를 참조한 내용들을 대조하고 『영화의 흐름, 흐름의 영화*Flux cinematographiques: cinematographie des flux*』(L'Harmattan, 2010)에서 그 관계들을 심화한다. Jean Cleder, "Anatomie d'un modele. Duras/Godard. Cinema/Litterature. Une question d'envers et d'endroid," www.revue-critique-de-fixxion-francaise-contemporaine.org도 살펴볼 것.

히는 모르겠지만, 학생들이 점령하고 있는 나무 계단 아래였다."[15] 그는 불협화음을 증언할 뿐이며, 소음과 다른 요인들 때문에 그들은 서로 이해하지 못했을 터이다, "어쨌든." "학교에서 나와서는 도시를 가로질러 달리는 자동차 안에서 녹음했다. 녹음한 걸 들어보니, 때때로, 신호등에 빨간불이 들어왔을 때, 우리는 서로를 꽤 이해하고 있는 듯했다."[16] 그리하여 이 만남은 양자 모두에게 아이러니의 자취를 남긴다. 폴고다르가 쇄신한 말-트럭의 메타포는 범속한 것이다. 완전한 경의를 표하는 동시에, 이 아이러니는 그 인물이 지닌 여성혐오의 양상을 거친다("그이들은, 그이는 둔중한 말을 한다").[17] 〈오른쪽에 주의하라〉를 언급하며, 뒤라스는 청각장애

15   *Les Yeux verts, op. cit.*, p. 25. 또한 「1979년 대화」를
      소개하는 16~17쪽 글을 보라.

16   *Les Yeux verts*, p. 26〔「1979년 대화」를 소개하는 17쪽을 보라〕.

17   고다르는 〈할 수 있는 자가 구하라(인생)〉의 해당 장면을 이렇게
      해석하는 데 대해 답했다. "트럭이 지나는 장면에서, 뒤라스나
      여성들을 향한 적개심이 느껴진다는 말을 자주 듣는데, 난 분명히
      반대로 여깁니다. 마르그리트를 모르는 사람들이 이 문장만
      듣고서, 뭔가 비웃는 구석이 있다는 생각을 어떻게 할 수 있는
      거지요? 트럭은 크고 둔중한 소음을 내고… 나는 보지 않습니다…
      그것은 강하고, 조금 무섭지요… '공포'라는 장章에 나옵니다. 〔…〕
      이제는 지옥의 소음 속에서 전속력으로 운전석에서 온 세상을
      누비는 마르그리트를 떠올리지 않고서 트럭을 볼 순 없죠. 나는
      그이를 일단 운전석에 앉히고 찍고 싶었습니다. 〔…〕 나에게
      이건 마르그리트가 〈트럭〉이라는 영화를 찍었음을, 뒤라스 씨의
      강력한 영화임을 사람들이 기억하도록 영화를 비평하는 한

에필로그   201

인들의 대화와 같은 불협화음으로 돌아올 터이다. 모든 소리가 외침, 노래 또는 음악의 경계에 닿을 때, 뒤라스는 고다르의 영화—1987년 대화에서 뒤라스가 말했듯 말로 "호객하는" 그의 방식—를 이해하지 못하면서도, 그와 동시에 어김없이 그에게 매우 열광한다. 같은 대화에서, 뒤라스는 〈봄의 제전〉에 대한 영화를 제안하며, 트럭처럼, "어떻게 그 곡이 전 세계에 가닿아, 다른 여러 장소에서 매번 들리는지"를 끈질기게 역설한다.

그들 사이에 오해가 있음은 명백한데, 그것이 그들의 엇갈림을 배양한다. 실상, 그것이 비밀스런 동력이기도 하다. 뒤라스는 자주 고다르의 작품을 전적으로 찬미했으며("세계 영화의 가장 강력한 촉매"[18]) 고다르라는 사람에게 우정을 표했지만, 서로 이해하지 못했다고도 말한다. 뒤라스가 영화와 글쓰기 사이의 관계에 대한 공식을 발견했음을 고다르가 알아본 것이라면("영화에서는 우리가 뒷면에 쓴다고 말할 수 있을지. 예. 당신의 녹색 눈은 저보다 먼저 그것을 보았습니다"[19]), 고다르는 그들의 대담을 개념적인 소극으로 탈바꿈시키며, 그 공식을 그들 관계에 대한 메타포로도 만든다. "제 생

방식이었습니다." Jean-Luc Godard, "Propos rompus," *Cahiers du cinéma*, n° 316, octobre 1980, p. 14.

18   *Les Yeux verts, op. cit.*, p. 53.

19   〈탐정〉(1984)을 촬영하던 중 뒤라스에게 쓴 편지, 「부록」, 218쪽.

각에는 우리는 뒷면과 표면 같은데, 뒷면이 표면과 함께 말하지 않는 걸 보여주는 건 어쩌면 어려울 수 있습니다."[20] 고다르의 영화들 속에서 뒤라스의 형상을 새기는 일은 개인적이고 개념적인 것 사이에서 진지하고도 장난스레 넘쳐흐르며 이어진다. 〈영화의 역사(들)〉 3B편에서는 (사샤 기트리의 초상 위에 겹쳐진) 뒤라스의 사진 위로, 사랑의 정한情恨을 진술하며 낱말과 이미지의 적대를 응축하는 문장이 기입되며 그 형상이 보인다. "당신은 낱말로 내게 말하고, 나는 감정과 함께 당신을 본다네." 사운드트랙은 잔 모로(〈나탈리 그랑제〉 등에 출연한 뒤라스의 배우)가 노래하는 〈내 기억은 주춤한다네〉의 일부를 들려준다. "그 눈은/푸른색은 아니었을 텐데/녹색이었나 회색이었나?/녹회색이었나?/색이 계속 바뀌었나?/이랬다 저랬다." 〈내 기억은 주춤한다네〉(『녹색 눈』에서 암시하는 바가 확대된다)는 1959년 〈히로시마 내 사랑〉에서 고다르를 사로잡은 뒤라스적 주제이지만, 1987년 대화에서는 프루스트에 대한 그들의 대립을 나타내기도 한다.

〈영화의 역사(들)〉 3A편에서, 젊은 뒤라스의 사진이 계속 출현하는 가운데, 그의 입술에 "고통"이라는 책 제목이 그의 얼굴까지 침범하는 흰 원에 부분적으로 가려진 채 나타나는데, 이때 〈위대한 환상La Grande Illusion〉[21]에서 배우 쥘리앵

20   「1987년 대화」, 183쪽을 보라.
21   〔옮긴이〕 1937년에 개봉한 장 르누아르의 대표작으로,

카레트Julien Carette가 노래하는 사운드트랙 일부가 들린다. "당신이 나의 행복을 바란다면/마르그리트, 당신의 마음을 내게 주오." "고통"은 뒤라스가 전쟁 중에 쓴 글들을 모은 책 제목인데, 플로베르의 "괴로움souffrance"을 상기하는 1966년 J. M. 르 클레지오와의 인터뷰[22]에서처럼 고다르가 글쓰기 훈련을 규정하기 위해 쓴 단어 중 하나이기도 하다.

이 고통과 카레트가 노래하는 "행복"의 병치는 〈영화의 역사(들)〉 3B편에서 '말하기parler'와 '바라보기regarder'라는 대립 쌍을 구성하기도 한다.

이렇듯 고다르는 사랑의 열정이 지닌 필연적인 불가시성이라는 뒤라스의 언설로 돌아와(고다르는 "감정을 바라봐야" 하고, "마음을 주"어야 한다 여긴다), 그에 더하여 낭만적인 커플의 관계처럼 그들의 관계를 꾸며낸다. 보통의 감정적인 의미에서가 아니라, 두 반대되는 극점의 어떤 교환이라

제1차 세계대전 중 포로가 된 프랑스 병사들이 수용된 독일 포로수용소를 배경으로 삼은 영화다.

22   르 클레지오: 무엇이 따라올지 마지막 순간까지 알지 못한 채 종이를 잡고 쓰는 걸 받아들이실 수 있습니까? 고다르: 아, 바로 그 때문에 저는 쓰지 못한답니다! 그래서 글을 쓰며 믿을 수 없을 만큼 고통스러워한 플로베르에게 저는 늘 감동합니다. 그는 생각했죠. "하늘은 파랗다." 그렇게 쓰고 나서 사흘 동안 그는 앓아누웠어요. [⋯] 얼마나 큰 괴로움인지! "Godard-Le Clézio. Face-à-face," *L'Express*, 9 mai 1966: *Godard par Godard. Les années Karina*, Flammarion, 1990, p. 146에 재수록.

는 의미, 그 속에서 노발리스의 스테니아sthénie와 아스테니아 asthénie 쌍, 즉 힘의 초과와 결핍,[23] 딱딱한 것과 부드러운 것 같은 예를 발견하게 된다. 1980년 대화에서 전개되는 근친상 간이라는 주제는 뒤라스와 고다르 사이의, 낭만적인 한 쌍의 진귀한 양상처럼 읽을 수 있다. "이들은 모두 오누이다. 쓰고, 그리고, 사유하고… 예술이라는 가족 속에서 영화는 이방인, 이민자, 하인으로 남는다. 그는 가족의 친구가 된다. 내가 그 렇다. 그럼에도 나는 내가 사랑하는 모든 창작자보다 열등하 다고 느낀다. 그게 껄끄럽진 않다. 이 세계에서 내가 무언지 나는 안다. 그들은 응접실에 있을 권리가 있고, 나는 부속실

---

23   노발리스 작품 속 상반되는 것들의 교환에 대해서는 Olivier
      Schefer, *Mélanges romantiques. Hérésies, rêves et fragments*, Éditions
      du Félin, 2013, pp. 68~70을 참고하라. "스테니아-아스테니아"
      쌍에 대해서는 특히 Novalis, *Le Brouillon général*, Allia, 2000, pp.
      310~11에 올리비에 셰페르가 작성한 용어 해설을 보라[셰페르에
      따르면, 노발리스는 스코틀랜드 의사 존 브라운John Brown에게서
      '스테니아'와 '아스테니아' 개념을 빌려왔다. '아스테니아'는
      힘의 결핍을, '스테니아'는 힘의 초과 상태를 가리키며, 이 둘이
      균형을 이룰 때를 건강한 상태로 간주한다. 이 두 개념은 수동성과
      능동성, 내적 감수성과 외적 흥분의 변증법을 이루는 기초가 된다.
      브라운의 사유는 피히테가 주창한 자아와 비자아의 변증법과도
      비슷하며, 노발리스를 비롯한 독일 낭만주의자들이 절대적
      자아의 속박에서 벗어날 수 있게 해주었다고 셰페르는 설명한다].
      고다르와 노발리스, 더불어 낭만주의와의 총체적 관계는 Nicole
      Brenez, "Jean-Luc Godard, *Witz* et invention formelle," *Cinémas:
      revue d'études cinématographiques/Cinémas: Journal of Film Studies*,
      vol. XV, n° 2~3, 2005이 정확히 논하고 있다.

에 있을 권리가 있다. 내가 영화를 만들기 때문은 아니다. 다른 것들이 함께 있을 때 영화는 홀로 있다."[24] 1987년 대화에서, 문학과 영화의 차이에 대해 고다르가 표명한 바는, '과학자들이나 전기 기술자들'이 '순류l'aller'와 '역류le retour'라고 부르는 전도傳導 작용이 온전한 낭만주의적 생성을 닮아 있듯 예술, 과학 및 작가 뒤라스와의 실제 관계를 포괄하는 운동을 단숨에 실행한다.

'보기voir'와 '말하기parler'야말로 고다르와 뒤라스가 이루는 낭만적 쌍의 대립 극일 터이다. 〈파괴하라, 그녀는 말한다〉가 나온 해에 모리스 블랑쇼는 『무한한 대화』에 이렇게 썼다. "말하는 것은 보는 것이 아니다. 〔…〕 글을 쓰는 건 보이는 말을 제공하는 게 아니"라고, 또 "선험적인 보기의 방법으로" 말을 변형하지 않도록 주의해야 한다고.[25] 그런데 서로

24   "Les livres et moi," entretien avec Jean-Luc Godard par Pierre Assouline, *Lire*, n° 255, mai 1997 : *Jean-Luc Godard par Jean-Luc Godard*, t. II, *op. cit.*, p. 441에 재수록.

25   Maurice Blanchot, *L'Entretien infini*, Gallimard, 1969, pp. 38~40. 『무한한 대화』와 〈파괴하라, 그녀는 말한다〉가 나온 시기가 일치하는 게 우연만은 아니다. 뒤라스는 『카이에 뒤 시네마』와의 한 인터뷰에서 어떤 관객들은 영화 속 인물 중 한 사람인 스타인에게서 블랑쇼의 모습을 보았다 하고, 블랑쇼 자신도 책〔원작 소설〕에 감응했다. "그는 내게 마음을 뒤흔드는 편지를 썼다. 그는 아직 영화를 보지 않았다. 편지에서 그는 자신에겐 알리사가 작품의 축으로 여겨진다 말했다. 그는 알리사를 '〔…〕 치명적인 관계인 젊음 속에서 〔…〕 그이가 선사하는 죽음 속에서

의 이면인 고다르와 뒤라스는, 영화로 블랑쇼를 반박하기에
이른다. 그들의 영화 속에서, 쓰여진 것이나 말을 통해, 보여
지는 사실과 이미지—뒤라스의 작품 속 환각이 지닌 중요성,
또는 고다르의 작품에서 운동이나 낱말을 해체하고 재구성
하는 데서 오는—사이에 장벽이 놓인다. 블랑쇼는 비전vision
을 "매개하지 않는 수단" "부단한 경험"으로, 그리고 이미지
를 "계시의 이중성"으로 구분한다.[26] 뒤라스는 말이 옮기는
비전에 그 이중성을 직접 새긴다. 고다르는 쇼트와 낱말, 소
리 사이에 부러뜨리고 겹쳐져 지각의 위계를 흐리고 비전과
이미지 양자가 짓눌리는 효과들을 배치한다. 이런 의미에서,
〈언어와의 작별〉에서 3D를 채용한 점은 이 작품의 눈부신 성
취로 보인다.[27] '보기'와 '말하기'는 참으로 적대적이긴 하지

> 그이는 영원히 돌아온다'고 본다. 그는 우리 모두가 중대한 파괴를
> 할 수 있다 한다. 그는 하라고, 파괴하라고 말한다. '하라'는 그 말이
> 내게 기쁨을 가득 채워준다. 블랑쇼는 당신을 사랑과 기쁨으로
> 채워주는 사람이다"("La destruction de la parole," entretien avec
> Marguerite Duras par Jean Narboni et Jacques Rivette, *Cahiers
> du cinéma*, n° 217, novembre 1969: *Filmer, dit-elle. Le cinéma
> de Marguerite Duras*, Capricci, 2014, pp. 67~70에 재수록).
> 블랑쇼는 〈파괴하라, 그녀는 말한다〉를 일컬어 책과 영화의
> '간극intervalle'이 어쩌면 중요하리라고 훗날 쓰게 될 터이다("Est-
> ce un livre? Un film? L'intervalle des deux?," *Marguerite Duras, op.
> cit.*, 1975, p. 139 참조).

26 *L'Entretien infini, op. cit.*, p. 42.

27 예를 들어 미셸 콜로는 뒤라스의 영화 〈밤 항해〉 속 비전의 이중성,
    "지평의 구조"를 빼어나게 분석한다(Michel Collot, "D'une voix qui

만, 그들은 함께 의존하는 힘의 방식으로 같이 행동한다.

'트럭 놀이'는 단지 '말하기'와 '보기,' 낱말과 이미지 들의 관계에만 몰두하지 않는다. 커플은 서로에게 모든 걸 말한다. 〈할 수 있는 자가 구하라(인생)〉 초반부에서 폴 고다르가 승용차로 트럭을 쫓듯, 뒤라스의 목소리가 오프로 들리는 동안 고다르는 때로 그 뒤를 따른다. 1987년 대화에서 고다르가 되풀이하며 끝맺듯, 작가의 말을 듣는 것 말고는 다른 도리가 없다. "참으로 훌륭한 방식으로 말하는 마르그리트의 얘기를 들으며, 제가 뭘 할 수 있겠습니까? 저는 듣습니다." 그 전 장면에서 폴이 〈트럭〉의 한 장면을 보여줄 때, 이미지는 보이지 않고 뒤라스의 목소리와 베토벤의 〈디아벨리 변주곡〉만 강의실에 울려 퍼진다. 그의 목소리를 듣는 건 학교에 있는 것과 비슷하다. 뒤라스는 말할 때 확실히 알고 있으며, 강하게 타격한다. 〈할 수 있는 자가 구하라(인생)〉에서, 우리는 아이들과 여자들, 남자들에 대한 몇몇 진실을 말하는 뒤라스의 목소리도 듣는다. "여성의 자리라는 것이 존재한다면 […] 그건 유년기의 자리 […] 유년기라네. 남자가 여자보다 유아적이

donne à voir," in Bernard Alazet et Christiane Blot-Labarrère (dir.), *Marguerite Duras, la tentation du poétique*, Presses de la Sorbonne nouvelle, 2002, pp. 55~70). 레몽 벨루는 "말하기는 보는 것이 아니"라는 블랑쇼와 고다르의 작품 사이의 대립을 "L'autre cinéaste: Godard écrivain," *L'entre-images 2*, P.O.L, 1999, p. 126에서 논한다.

지만, 남자는 유년기가 더 짧지."

그들이 만난 1970년대와 1980년대 초, 학교는 고다르가 원한 영화의 모델 중 하나로, 특히 그가 〈프랑스 일주 우회 두 아이〉(1976)에서 아이들과 전개한 대화 속에서의 혼란, 말과 사물 사이의 혼란[28]에서 출발한 지식 변증법이 탄생한, 다소 거북한 토론 및 작업의 장소였다. 뒤라스는 이미 〈나탈리 그랑제〉(1972)에서 학교라는 문제에 접근했고, 〈할 수 있는 자가 구하라(인생)〉으로부터 오 년 뒤 〈아이들〉(1985)에서 주인공 에르네스토의 "나는 학교로 돌아가지 않을 거예요. 학교는 내가 알지 못하는 걸 내게 가르치니까요"라는 경구로 단언한다. 우선 글쓰기(글쓰기, "그것은 무위에 다다른다"[29])에서 비롯해 뒤라스가 모든 것과 모두에게 귀속하길 반복하는 무위의 전능함은, 고다르의 영화가 행하는 몽타주의 연쇄, 변증법의 행렬, 인용과 낭송 들과는 매우 거리가 멀다. 학교는 기본적으로 유년기를 배반한다고, 유년기를 유치함에 가두고 야성을 억누른다고 뒤라스는 말한다. 고다르에겐 중요하지 않았던바, 그는 야성이 다른 기회를 지닐 터라 도처에서 작동할 수 있다고 여겼다. 그에게 중요한 것은 학교가 대

---

28   이 혼란에 대해서는 Serge Daney, "Le Therrorisé. Pédagogie godardienne," *La Rampe*, Éditions des Cahiers du cinéma, 1996, pp. 85~95를 보라.

29   *Les Yeux verts, op. cit.*, p. 14.

면 장치로서 모든 것을 말할 수 있게 해준다는 것이었다. 두 이미지 또는 하나의 이미지와 하나의 낱말 사이처럼, 그에게 수업은 교환이다. 학생 앞의 '스승'은 다른 인용 뒤에 또 다른 인용이 따르듯 해야 한다. 그 인용들은 권위나 불멸의 체험이 아니라, 파편적인 작품들의 무한한 열림에 복무한다. 고다르가 작가 뒤라스의 여러 문장을 오프로 사운드트랙에 넣듯, 뒤라스에 뒤이어, 뒤라스와 더불어 폴 고다르가 자기 승용차 안에서 트럭 뒤를 따라 끌려가는 것은 〈할 수 있는 자가 구하라 (인생)〉과 〈트럭〉을 변증법으로 함께 몽타주하는 몸짓 자체다. 이런 방식으로 '트럭 놀이'를 진지하게 받아들였던 유일한 이가 바로 고다르다.

트럭 뒤라는 이 위치는, 알랭 들롱이 연기하는 주인공이 황량한 도로 위에서 격렬한 소음과 더불어 엄청난 속도로 사라지는 세미 트레일러를 앞에서 피하는, 1990년 작품 〈누벨 바그〉를 눈부시게 연 다른 장면과 대비된다. 죽음의 위험, 이것은 고다르가 흥미를 갖는 말의 역설적인 입장이 더는 아니다. 모든 것을 말하지만 아무것도 모르고, 학교에서 가르치길 거부하며 영원히 "옆 교실"에 남아 있는, 그러나 낭만주의적 과잉 속에 머무르는 신탁이나 우주 같은 말, 그 장엄한 확언. "보세요, 그녀는 말한다. 세상의 끝을 보세요"(〈트럭〉의 이 문장이 〈할 수 있는 자가 구하라(인생)〉에서 들린다). "트럭은 사라졌다. 사고로 숲이 채워지길 사람들은 기다린다. 어느 샛길에서 나는 소리다. 누가 내는 소리인지, 무엇이 내는 소리인지는 알 수 없다. 이윽고 소리는 멈춘다" 하고 뒤라스가 〈트럭〉 말미의 검은 화면에서 발화하는 마지막 문장들에서 싹트는 비전과 〈누벨 바그〉 초반부의 사고는 닮았다. 〈오른쪽에 주의하라〉에서 오프로 발화되는 마지막 대사는 이 "어느 샛길에서 나는 소리"에 응하는 답인 듯 들리기도 한다. "그리하여 우선은 그를 겁주지 않으려는 듯 매우 온화한, 인간이 오래전, 아주 오래전에 들은, 인간이 존재하기 전에 들은 적이 있는 속삭임이 다시 시작된다."[30] 〈트럭〉의 결말이 상기하는 숲은 〈파괴하라, 그녀는 말한다〉의 인물들이 그 가장자리에 머물렀던 곳이다. 오늘날에도 고다르가 〈언어와의 작별〉에서 돌아다니는 외부의 혹은 개방된 큰 숲, 여기에서 "열 걸음만 나서면 숲이 있다는 걸 아는 방을 보여주기"가 숲을 보여주기보다 어렵다는 시청각적 경구 중 하나가 알려진다.

뒤라스는 〈오른쪽에 주의하라〉에 직접 언급된 적이 없으나, 수수께끼 같은 한 장면에 모이는 때로 모호하거나 패러디 같은 일련의 인상들을 가로질러 영화에 출몰한다. 영화에

---

30   헤르만 브로흐가 쓴 『베르길리우스의 죽음』의 한
      부분이다(고다르의 인용 방식이 흔히 그러하듯, 이 문장은
      『베르길리우스의 죽음』 원문과 정확히 같지는 않다). 〈트럭〉의
      결말과 〈누벨 바그〉 도입부의 잠재적인 '일치raccord'는, 앞에서
      인용한 「마르그리트 뒤라스-장-뤽 고다르, 실제와 가상의 만남들:
      끝없는 대화」(p. 197)에서 디디에 쿠로가 주해한 바 있다.

서 자크 빌레는 바다가 보이는 호텔 방에 들어왔다 넘어지고, 일어나며 카세트 녹음기를 켠다. 어린 여자아이 하나가 발코니 밖에서 그를 지켜본다. 그 아이 뒤에는 여름빛 가득한 해변이 있고, 아이들의 외침이 들린다. 카세트 녹음기에서 문장 토막, 생각의 윤곽이 들려온다. "내가 그걸 생각할 때, 아니야… 잘 안 될 거야… 나를 아는 사람들이 올 때면, 마치… 어쩌라고. 나도 모르겠다… 시작하지 말았어야 했어" "시작하지 말았어야 했어"라는 목소리, 구문, 도식은 뒤라스의 영화 〈아이들〉에 등장하는 에르네스토라는 인물과 그를 연기하는 배우 악셀 부구슬랍스키Axel Bougousslavski가 "그럴 필요는 없었는데"라고 할 때의 멋진 바보 말투를 떠올리게 한다. 고다르는 뒤라스에게서 빌려온 요소들을 회절시키고 변형하여 익살극을 뽑아낸다. 해당 대사는 뒤라스의 것이 아니라 베케트의 것이다[31](〈오른쪽에 주의하라〉가 나온 1987년에 두 사람이 나눈 대화에서 고다르가 한 말을 우리는 기억한다. "당신이나 베케트의 작품에서 낱말들은 왕이고요"). 부구슬랍스키는 없고, 빌레는 이렇듯 그로테스크한 버전을 제공한다. 어린 여자아이 하나가 어딘가 나탈리 그랑제와 닮은 얼굴을 하고 〈나탈리 그랑제〉의 그이처럼 집 밖에 머물러 있다. 아이

---

31   〔옮긴이〕고다르는 "시작하지 말았어야 했어"라는 대사를 베케트가 1950년에 프랑스어로 쓴 『무를 위한 텍스트Textes pour rien』에서 가져왔다.

의 면전에서 사람들은 문을 닫는다. 그 장면의 해변은 이미
〈미녀갱 카르멘〉에 나왔던 트루빌 해변이다. 뒤라스가 〈갠
지스 강의 여자〉나 〈아가타〉에서 촬영했던 바로 그곳이지만,
로슈 누아르에 머물던 뒤라스가 찍은 단조롭게 펼쳐진 인적
드문 곳과 붐비는 해수욕장은 닮은 데가 거의 없다. 방에서
보이는 바다 쇼트들은 〈인디아 송〉〈대서양의 남자〉 또는 〈오
렐리아 스타이너(밴쿠버)〉의 결말을 떠올리게 하는데, 빌레
는 추워서 창문을 닫고 싶어 한다. 이 모든 우스꽝스러운 잡
음은 뒤라스의 탁월한 과도함에 대한 거부가 아니라, 일종의
예의 갖추기다. 이는 유년기 앞에 아이다움을 덧붙이는 것이
며, 트럭에 스스로 뛰어들어 으스러지고 다시 일어나기 직전
의 마지막 선회다.[32] 1980년대 초부터 자신의 영화를 황량한
자연 쇼트로 뒤덮은 고다르는, 여기서 뒤라스와 신 없는 그의
신비주의를 암암리에 참조한다.[33] 바다 쇼트와 트루빌의 호

---

32   고다르가 뒤라스에 대한 주제를 구부러뜨리고 기이하게 응결하는
       다른 예는, 〈탐정〉을 찍는 동안 뒤라스에게 쓴 편지다. "그러고
       나서 저는 해변에서 병을 바다에 던지는 당신의 손을 생각합니다.
       이는 그리 어려운 일이 아닙니다"(「부록」, 217~18쪽을 보라).

33   뒤라스-고다르 '커플'을 묶는 가장 강력한 매듭 중 하나는, (제라르
       드파르디외가 분한) 시몽 도나디외라는 남자의 몸에 그의 아내와
       사랑을 나누려는 신이 육화한 "오! 슬프도다"라는 제목의 영화다.
       도나디외는 뒤라스의 본명이며, 영화 초반 몇몇 장면에 계속
       등장하는 젊은 여성은 마르그리트 뒤라스[실제 영화에서는
       '마르그리트'가 아니라 마리네트 뒤라스]라 불린다.

텔 창문 사이로 보이는 하늘 쇼트들은 〈오른쪽에 주의하라〉의 대단원에 그렇게 돌아온다. 〈밤 항해〉를 여는, 구름 몇 점이 드리운 꾸밈없이 푸른 하늘은, 단속적인 카메라 움직임이 어떤 형식을 찾듯 하늘을 그리는 〈할 수 있는 자가 구하라(인생)〉과 〈열정〉의 첫 쇼트들을 앞서 차용한 듯 보인다. 말의 중계는 그리하여 시선의 중계 없이는 이루어지지 않는다.

시릴 베갱

장-뤽 고다르가 마르그리트 뒤라스에게

〔쓰고 보내지 않은 편지〕

"〈탐정〉 촬영 중 쓰고 수취인에게 보내지 않은 편지들" 연작에서, 고다르는 자신의 영화 〈탐정〉(1984)에 참여한 촬영진 중 여럿에게 말을 건넨다. 그는 정해진 순서 없이 몇몇 기술 스태프들(포커스 풀러〔촬영부 중 렌즈 초점을 맞추는 담당자〕 피에르 노비옹Pierre Novion, 키그립〔현장에서 트랙을 까는 등 수공 작업을 담당하는 책임자〕 베르나르 브레지Bernard Bregie, 그리고 〈갠지스 강의 여자〉 〈인디아 송〉 〈캘커타 사막의 베니스라는 그의 이름〉 등 뒤라스가 연출한 여러 작품의 촬영 감독이었으나 고다르와는 〈탐정〉만 함께 작업한 브뤼노 뉘탱Bruno Nuytten)에게 보내는 편지와 주연 배우들(알랭 퀴니Alain Cuny, 오렐 도아장Aurelle Doazan, 줄리 델피Julie Delpy, 클로드 브라쇠르Claude Brasseur, 나탈리 베이Nathalie Baye, 장-피에르 레오Jean-Pierre Léaud)에게 보내는 편지, 협업자이며 반려자인 안-마리 미에빌에게 보내는 편지, 제작자 크리스틴 고즐랑Christine Gozlan이나 제작 조수 르날

드 칼카니Renald Calcagni에게 보내는 편지를 번갈아 놓는다. 이 집합에서, 뒤라스는 유일하게 고다르의 영화 제작에 참여하지 않았던 인물이다. 1980년대 중반 그들 만남의 간극 속에서, 뒤라스는 고다르의 작업을 늘 동행했던 셈이다. 열세 통의 편지는 『장-뤽 고다르에 의한 장-뤽 고다르*Jean-Luc Godard par Jean-Luc Godard*』(t. II, Éditions de l'Étoile / Cahiers du cinéma, 1998)에 실려 출판되었다.

마르그리트 뒤라스 귀하

트루빌-쉬르-메르

테르미뉘스 호텔.[1] 새벽 세 시. 기상. 담배. 샤워. 타자기. 몇 시간 뒤면 참새 떼가 와서 모이를 달라고 조를 겁니다. 가서 두드려 패줘, 깡패들은 젊은 해밋을 때리며 말했다, 라고 저

---

1   〔옮긴이〕 이 영화의 배경은 파리 생라자르 역 근처에 위치한 호텔 콩코르디아이지만, 고다르는 뒤라스에게 편지를 쓰며 마르셀 오퓔스의 다큐멘터리 제목이며 제2차 세계대전 중 리옹 지역 나치 본부로 쓰인 '테르미뉘스 호텔'을 떠올린다(「1987년 대화」 155쪽 각주 58 참조). 〈테르미뉘스 호텔〉의 주인공인 바르비의 재판에 뒤라스가 증인으로 호출된 1987년에 발표한 〈오른쪽에 주의하라〉에서도, 고다르는 등장인물에게 "나는 테르미뉘스 호텔에 있다"라는 대사를 시키고 이어지는 장면에 나치 강제수용소를 연상시키는 철조망 이미지를 삽입했다.

는 씁니다. 또는 막스에게 전화해야 해.[2] 또는 스페인 사람들이 달러를 줄 거야. 하나도 이해가 안 됩니다. 그럼 권투선수는? 그리하여 저는 웃습니다. 담배, 샤워. 그리고 저는 당신을 생각하고, 당신의 연인이 일 억을 당겨 오더라도 당신이 결코 쓰지 않을 종류의 문장들을 생각합니다. 영화에서 콕토, 파뇰, 기트리의 진정한 딸이 당신이라고 제가 말씀드렸을 때 당신의 기꺼운 웃음. 그 웃음이 지닌 충실함과 올곧음, 나를 믿지 않는 데서 오는 행복. 타자기, 샤워, 담배. 페데리코가 노래하고 환상에서 깨어나는 저녁 시간만큼이나 끔찍한 새벽 다섯 시. 참새들은 독수리가 되었습니다. 로드 짐[3]이 자신은 좋은 사람이 아니라고 얘기한 것처럼, 제가 좋은 작가가 아니라는 것을 저는 압니다. 하지만 그는 이 이야기를 지배하기 위해 분투하고 있었답니다. 다시 한번 샤워. 그리고 또다시 타자를 칩니다. 늙은 루치아노가 여긴 뭐 하러 온 거지? 또는, 샴페인, 이지도르에게 내가 내려간다고 말해, 또는 여전히, 즐거운 수치심이 가득한 채, 빅토르에게 전화해, **BMW**를 팔겠다고! 그리고 나서 저는 해변에서 병을 바다에 던지는 당

---

2   〔옮긴이〕 편지 속에서 고다르가 "또는"이라며 늘어놓는 문장은 〈탐정〉의 대사들이다.

3   〔옮긴이〕 영화에 등장하는 권투 경기 프로모터 짐 폭스 워너(조니 할리데이Johnny Hallyday 분)는 어린 시절 모친에게서 조지프 콘래드의 책 『로드 짐』을 선물받은 인물로, "마스터 짐"이라는 별명으로 불린다.

신의 손을 생각합니다. 이는 그리 어려운 일이 아닙니다.[4] 영
화에서는 우리가 뒷면에 쓴다고 말할 수 있을지. 예. 당신의
녹색 눈은 저보다 먼저 그것을 보았습니다.

4　　[옮긴이] 이 구절 원문은 "ce n'est pas la mère à boire"이다.
　　　프랑스어에는 "그리 어려운 일이 아니다"라는 뜻을 지닌 "ce n'est
　　　pas la mer à boire(바다를 마시는 게 아니다)"라는 숙어가 있다.
　　　고다르는 이 표현 중 'mer(바다)'를 발음이 같은 'mère(어머니)'로
　　　바꿔 "어머니를 마시는 게 아니다"라고 썼다.